2024年度陕西省重大文化精品项目

青少年版

延安故事

中共中央在延安十三年

谭虎娃 著

陕西新华出版
陕西人民教育出版社
·西安·

图书在版编目(CIP)数据

延安故事：中共中央在延安十三年 ：青少年版 / 谭虎娃 著．--西安：陕西人民教育出版社，2024．12
ISBN 978-7-5450-9910-2

Ⅰ．①延… Ⅱ．①谭… Ⅲ．①延安精神－青少年读物
Ⅳ．①D648．4-49

中国国家版本馆 CIP 数据核字(2024)第 037360 号

延 安 故 事
YAN'AN GUSHI
中共中央在延安十三年
ZHONGGONGZHONGYANG ZAI YAN'AN SHISAN NIAN
青少年版
QINGSHAONIAN BAN

谭虎娃　著

出 品 人　李晓明　叶　峰
策 划 人　秦　桦　牛春玲
责任编辑　牛春玲　刘政源
装帧设计　郑　璇
出版发行　陕西人民教育出版社
地　　址　西安市丈八五路 58 号
邮　　编　710077
经　　销　各地新华书店
印　　刷　陕西思维印务有限公司
开　　本　787 毫米×1092 毫米　1/16
印　　张　14
字　　数　180 千字
版　　次　2024 年 12 月第 1 版
印　　次　2024 年 12 月第 1 次印刷
书　　号　ISBN 978-7-5450-9910-2
定　　价　39.00 元

写在前面的话

应陕西人民教育出版社邀约，撰写青少年读物《延安故事——中共中央在延安十三年》，于我而言甚为光荣。

陕西在“十四五”规划中提出要建成“革命文化继承弘扬样板区”，延安市致力于打造延安精神“挖掘研究高地、宣传宣讲高地、传承践行高地”，延安大学是扎根于革命圣地延安的一所省部共建高校，是延安精神形成的重要参与者和践行者，是公认的延安精神宣传的“辐射源”，让国家的未来和民族的希望——青少年去了解认知党的这一段光辉岁月、传承弘扬在这段历史中中国共产党人孕育形成的延安精神，是包括我在内的每一位延大人的责任和使命。加之，自己作为两个年龄尚小的孩子的父亲，能有机会去完成这项工作，也是送给他们的，让他们健康地走向未来的一份最好的礼物。

我长期聚焦于对党中央在延安十三年的历史和延安精神的学习研究，在人民出版社出版的专著《历史的转折：中共中央在延安十三年》和在高等教育出版社出版的教材《延安精神概论》，为我编写这本读物积累了基础和经验，增强了我承接和完成这项工作的底气和勇气。即使如此，我还是如履薄冰，唯恐有所差池，有所失误，误人子弟，贻笑大方。所以，我在撰写过程中从框架结构到具体内容都多方请教，几易其稿，反复修改，以致给出版社的相关人员增添了颇多额外工作，但他们每次都认真对待，耐心核对、编辑，在此向他们表示衷心的感谢。

这本读物着重讲述延安时期党由小变大、由弱变强、走向全国和世界的“扭转了中国的乾坤”的历史，同时也力求把中国共产党人在这十三年伟大奋斗中孕育形成的光照千秋的延安精神写出来，以此揭示中国革命的胜利是干出来的、拼出来的，是用无数生命换来的，揭示中国共产党人的精神是在遵循科学的理论原则、运用科学的认识方法、践行科学的工作方法的基础上孕育、形成和成熟的。正因为如此，延安时期的经验智慧和延安精神才能穿越时空，照映现实和未来，才能成为新时代用来厚植爱党、爱国、爱社会主义情感的丰厚养料。

这本读物以青少年的阅读兴趣与阅读习惯为出发点，紧紧抓住延安时期中国共产党十三年历史的主题主线，抓住重大事件、重要会议、重要人物，尽可能做到历史叙事的逻辑清晰、表述精准和前后呼应，力求实现不论是在宏大叙事中，还是在以小见大中，都将历史发展的脉络讲清楚，将历史的因果关系讲明了，将历史蕴含的智慧讲通透，在大众化的同时防止庸俗化，在追求科学严谨的同时防止生硬机械，生动活泼地呈现出我们党的伟大、光荣、正确和继往开来的历程。

这本读物力求内容创新。对于党中央在延安十三年的历史，青少年的认知更多的是史诗般波澜壮阔的革命战争，以及其间取得的一个又一个伟大胜利。这本读物在内容上，不仅体现了党中央在延安十三年是革命的十三年，也是局部执政的十三年、是新民主主义社会建设的十三年；不仅呈现了延安时期党在政治、军事尤其是战争战役方面的斗争，也对经济、文化、社会和党的建设等方面的内容进行了全方位的描述。

这本读物选配了一些历史照片、版画、漫画等，一方面是希望图文并茂、互证互补，增强青少年阅读的动力，提升他们的体验感；另一方面，它们本来就是历史的重要组成部分，都在讲述着曾经和过往，应当成为学习的对象，我们绝不能对其视而不见。

站在新时代的高地，回望历史，审视当下，前瞻可预期的将来，青少年只有学好党的历史，懂得我们党对中国百年巨变的引领，才能在这个错综复杂、思想和价值多元的时代明辨是非，才能更好地传承红色基因，自觉地忠诚于党、忠诚于人民、忠诚于社会主义，才能在一代又一代的接力中确保红色江山永不变色。

最后，我想说的是，这本读物在即将出版之际，入选陕西省重大文化精品项目，这无疑是一个意外的惊喜和一种巨大的鼓励。期望大家能够喜欢这本读物，也诚挚欢迎青少年读者及社会大众的批评指正。

谭虎娃

2024 年 6 月

目录

毛主席到陕北 / 001

1 苍山如海，残阳如血 / 003

2 要到陕北去 / 009

3 举行了一个奠基礼 / 016

4 毛主席来了晴了天 / 021

全民族抗战才是我们的出路 / 025

1 远方来人 / 027

2 打到山西去 / 031

3 新的进军方向 / 037

4 在抗日前进阵地的会合 / 041

5 同心同德一戎衣 / 045

解放区的天是明朗的天 / 053

1　一个新天地 / 055

2　争取外援，休养民力 / 061

3　民主的抗日根据地 / 066

4　在人民群众中建立司法基础 / 073

5　成为社会教育的大学校 / 082

自己动手，丰衣足食 / 089

1　吃饭是第一个问题 / 091

2　为改善物质生活而斗争 / 098

3　从来未有的奇迹 / 104

4　陕北的好江南 / 110

一场深刻的思想洗礼 / 117

1　使党变为一个共产主义的熔炉 / 119

2　惩前毖后，治病救人 / 126

3　文艺为谁服务，如何服务 / 134

4　实事求是，不尚空谈 / 141

团结的大会，胜利的大会 / 147

1　党的七大的筹备 / 149

2　在毛泽东的旗帜下胜利前进 / 156

3　一次极其重要的全国代表大会 / 163

两个中国之命运 / 167

1 八载干戈仗延安 / 169

2 人民的狂欢节 / 175

3 人民需要和平 / 178

4 蒋介石下山“摘桃子” / 183

光明在前 / 189

1 要以一个延安换取全中国 / 191

2 与边区全体军民共同奋斗 / 197

3 解放全中国 / 203

4 陕北是个好地方 / 209

参考资料 / 212

毛主席到陕北

1934年10月，中央革命根据地第五次反“围剿”失败，红军不得不退出中央革命根据地，实行战略大转移，踏上漫漫长征路。1935年1月，中共中央在遵义召开政治局扩大会议，集中全力纠正当时具有决定意义的军事上和组织上的路线问题。之后，在毛泽东的正确领导下，中央红军采取灵活机动的战略战术，摆脱了国民党军队的围追堵截，落脚陕北吴起镇。由刘志丹、谢子长、习仲勋等人领导创建的陕甘苏区，为困顿中的中央红军提供了落脚点。与此同时，中共中央迅速纠正了陕北肃反扩大化的错误，使得根据地转危为安。陕北民歌《山丹丹开花红艳艳》中的“……咱们中央红军到陕北……满天的乌云风吹散，毛主席来了晴了天”真实地反映了这段历史。

1　苍山如海，残阳如血

1934 年 10 月，由于中共中央的主要负责人博古（秦邦宪）、共产国际派来的军事顾问李德等人的错误领导，中央革命根据地第五次反“围剿”失败，红军不得不退出中央革命根据地，实行战略大转移，开始了长征。11 月 27 日至 12 月 1 日，中央红军在湘江上游的广西兴安县、全州县、灌阳县与国民党军苦战五昼夜，最终从全州县、兴安县之间强渡湘江，突破了国民党军的第四道封锁线，粉碎了蒋介石围歼中央红军于湘江以东的企图。但是，中央红军在湘江战役中付出了极为惨重的代价，由长征出发时的 8 万多人锐减至 3 万余人，鲜血染红了湘江。从此，当地有了“三年不饮湘江水，十年不食湘江鱼”的说法。

1935 年 1 月 15 日至 17 日，中共中央在贵州遵义召开政治局扩大会议。这次会议集中全力纠正了当时具有决定意义的军事上和组织上的路线问题。张闻天、毛泽东、王稼祥先后作了重要发言，尖锐地批评了第五次反“围剿”战争中实行单纯防御，在战略转移中实行退却逃跑的错误决断。经过激烈的争辩，会上多数同志同意他们三人提出的提纲或意见。会议“撤换了‘靠铅笔指挥的战略家’”，推选毛泽东为中共中央政治局常委，并委托张闻天起草《中央关于反对敌人五次“围剿”的总结的决议》。会后不久，政治局常委决定，由张闻天代替博古负总的责任，并成立由周恩来、毛泽东、王稼祥组成的三人小组负责全军军事行动。这次会议在极其危急的情况下，挽救了中国共产党、中央红军和中国革命，成为党的历史上一个生死攸关的转折点。遵义会议标志着中国共产党从幼稚走向成熟。

遵义会议旧址

遵义会议后，中央红军在国民党几十万重兵围追堵截的艰险条件下进行了一次著名的运动战战役——四渡赤水。从 1935 年 1 月 19 日中央红军离开遵义开始，到 1935 年 5 月 9 日胜利渡过金沙江为止，历时 3 个多月，在毛泽东等人的指挥下，中央红军采取高度机动的运动战方针，纵横驰骋于川黔滇边境广大地区，积极寻找战机，共歼灭和击溃敌人 4 个师、2 个旅另 10 个团，俘敌 3 600 余人。四渡赤水有效地调动和歼灭了敌人，彻底粉碎了蒋介石企图围歼红军于川黔滇边境的狂妄计划，取得了战略转移中具有决定意义的胜利。1960 年，英国陆军元帅蒙哥马利在访问中国时，盛赞毛泽东指挥的辽沈、淮海、平津三大战役，称其可以与世界历史上任何伟大的战役相媲美，毛泽东却说："四渡赤水才是我的得意之笔。"

四渡赤水期间，1935 年 2 月，中央红军进行了娄山关战斗。毛泽东在娄山关上感慨万端，吟出了极为悲壮豪迈的著名词作《忆秦娥·娄山关》：

西风烈，
长空雁叫霜晨月。
霜晨月，
马蹄声碎，
喇叭声咽。
雄关漫道真如铁，
而今迈步从头越。
从头越，
苍山如海，
残阳如血。

娄山关，又称娄关、太平关，位于遵义北方大娄山的最高峰上，是贵州北部通向四川的重要隘口，离遵义城约 60 千米。娄山关地势极为险要，《贵州通志》说它"万峰插天，中通一线"，历来为兵家必争之地。《忆秦娥·娄山关》描写了红军指战员英勇鏖战的壮烈情景。

1935年6月8日，中央红军突破敌人芦山、宝兴防线，随后翻越了长征路上第一座大雪山——夹金山。夹金山被当地老百姓叫作神仙山。他们告诉红军，只有神仙才能登越夹金山，甚至连鸟儿都飞不过去，人最好是别靠近它，但英勇无畏的红军却偏偏将夹金山踩在脚下。6月12日，中央红军先头部队终于翻过几座大雪山，在北进途中与中国工农红军第四方面军（以下简称“红四方面军”）先头部队胜利会师。6月18日，中共中央、中央军委率领中国工农红军第一方面军（以下简称“红一方面军”）主力到达四川懋功，与前来接应的红四方面军会师。

会师后，中共中央和毛泽东审时度势，主张继续北上到川陕甘建立根据地，而红四方面军负责人张国焘却提出向西到西康、青海、新疆，到“经济落后，文化落后”的区域“发展”，或是向南，“直取成都，出长江，打到武汉去”。为了统一战略方针，1935年6月26日，中共中央政治局在懋功北部的两河口召开会议，28日，会议通过中共中央政治局作出的《关于一、四方面军会合后的战略方针》的决定，明确提出“集中主力向北进攻，在运动战中大量消灭敌人，首先取得甘肃南部，以创造川陕甘苏区根据地”。29日，中央军委制定了《松潘战役计划》，并决定任命张国焘为军委副主席。7月18日，中共中央为了尽快促成张国焘执行《松潘战役计划》，在芦花召开中共中央政治局常委扩大会议，把原来由周恩来担任的红军总政委职务改由张国焘担任。由于张国焘一再贻误战机，8月3日，总司令部只能放弃《松潘战役计划》，拟定了《夏（河）洮（河）战役计划》。

8月4日至6日，中共中央政治局在毛儿盖以南的沙窝再次召开会议，重申两河口会议确定的战略方针。并针对张国焘破坏红军团结和损害中共中央威信的活动，强调要“加强党在红军中的领导”，指出“为了创造川陕甘苏区的历史任务，必须在一、四方面军中更进一步地加强党的绝对领导，提高党中央在红军中的威信”，“没有中国共产党就没有中国工农红军，就没有苏维埃革命运动”。

沙窝会议后，为了执行《夏（河）洮（河）战役计划》，中央军委对会师后的部队进行了新的整编，组成了左路军和右路军，左路军由红军总司令朱德、总政委张国焘率领；右路军由前敌总指挥徐向前、政委陈昌浩率领，党中央、中央军委随右路军行动。部队在中共中央和中央军委统一领导下，共同北上。8 月下旬，部队先后到达阿坝和巴西地区。

随后，右路军进入茫茫的毛儿盖大草原，这是红军行军途中的一次大挑战。美国革命作家艾格妮丝·史沫特莱在她所作的朱德传记《伟大的道路》中描绘了这一令人毛骨悚然的可怕地带：

> 大草地在康藏交界地区的高地上，一望无垠，广袤达数百英里，全是没有路的沼泽地带。走了一天又一天，极目四顾，红军所看到的，除了无边无际的野草外，没有别的东西，而野草下面是黑泥浑水深达数英尺的沼泽。死草堆上又长出了大片野草，谁也说不上是不是几百年来就如此。大树小树一概没有，看不到鸟类飞翔，听不到虫声唧唧。甚至连一块石头都找不到。这里什么东西都没有，只有无边无际的野草，夏天任凭狂风暴雨冲打，冬天任凭大雪覆盖。天空永远密布乌云，把大地衬托成灰暗而阴沉的地狱。

1935 年 9 月 9 日，张国焘拒绝执行中共中央北上方针，并电令右路军政委陈昌浩挟持中共中央和右路军全部南下。当时担任右路军参谋长的叶剑英及时发现了张国焘的计划，立即带着张国焘的“密电”来到中共中央驻地，报告了毛泽东，使中共中央能够率领中央机关和红一方面军（红一、红三军团）迅速脱离险境。对此，毛泽东一直念念不忘，赞扬叶剑英“诸葛一生唯谨慎，吕端大事不糊涂”。9 月 10 日，中共中央发出《共产党中央为执行北上方针告同志书》，指出“南下是绝路”，“应该坚决拥护中央的战略方针，迅速北上”。9 月 11 日，中共中央向张国焘发出关于命令左路军立刻北上的指令。9 月 12 日，中共中央在四川俄界召开政治局扩大会议，作出《中央关于张国焘同志的错误的决定》（以下简称《决定》），《决定》指出：“由于张国焘同志的机会主义与军阀主义的倾向，所以他对于党的中央，采取了绝对不可容许的态度。他对于中央的耐心的说服，解释，劝告与诱导，不但表示完全的拒绝，而且自己组织反党的小团体同中央进行公开的斗争，否认党的民主集中制的基本组织原则，漠视党的一切纪律，在群众面前任意破坏中央的威信。”9 月 14 日，中共中央再次致电张国焘，要求其放弃错误立场，坚决执行北上战略方针。

然而，张国焘在错误路线上越走越远，直至走上了分裂党的道路。1935 年 10 月 5 日，张国焘在四川理番县卓木碉主持召开高级干部会议，宣布成立“临时中央”。此时，张国焘已经完全走上了分裂党的错误路线，中共中央与张国焘的战略路线之争变成了与张国焘分裂行为的斗争。

2　要到陕北去

俄界会议后，中共中央率领红一、红三军团，突破川西北进入甘肃的必经之路——天险腊子口，然后翻越岷山，于 1935 年 9 月 19 日占领甘肃哈达铺。哈达铺地域辽阔，人口集中，并凭借盛产当归等中药材而发展繁盛。红军在这里缴获了大批军粮和公盐，并且从邮政代办所获得了一些国民党地区的报纸，了解到中国工农红军第二十五军（以下简称“红二十五军”）与陕北红军会合的消息，得知陕北有一个大的苏区根据地，有一支活跃的红军，还有游击队和很好的群众基础。《大公报》报道称“陕北则有广大之区域，与较久根据地”，还报道，陕北的延安、延长、保安、安塞、靖江 5 座县城为红军所占领，“现在陕北的状况正与民国二十年之江西情形相仿佛”。对此，常有人说“一张报纸定方向”，事实上，在哈达铺，中共中央作出到陕北去的决定是有着更多的根据的。据红三军团政委杨尚昆回忆：“我在老百姓家里看到的一张油印的红军传单，上面有‘红军占领中心城市的伟大胜利’这样的话；所谓中心城市是指瓦窑堡。瓦窑堡在陕北算是个很大的地方了，那里出炭。”

哈达铺邮政代办所旧址

那么，土地革命战争后期陕北的革命形势是怎样的呢？

在20世纪二三十年代，陕北地区是中国最贫穷落后的地区之一。这里丘陵起伏，沟壑纵横，大部分地区覆盖着漫漫黄土和滚滚流沙。这里气候恶劣，春季多风，夏季多冰雹，秋季降霜早，冬季冰雪覆盖，旱涝雹冻等灾害频发，加之军阀的横征暴敛，地主、土匪的盘剥掠夺，经济文化十分落后，人民群众长期过着“端上饭碗照影影，睡在炕上望星星，身穿羊皮摞补丁”的艰苦日子。

但就是在这样的艰苦环境下，中国共产党在这里生根发芽。1924年春，受中共北方区委派遣，李子洲、王懋功等到陕北榆林中学、陕西省立第四师范学校（以下简称“四师”）任教，对学生进行革命教育，激发他们追求真理的热情。1925年2月，中国共产主义青年团在四师正式成立了共青团陕北特别支部。

在大革命失败后，以刘志丹、谢子长为代表的陕北共产党人，举行了著名的清涧起义、渭华起义和旬邑起义，举起了武装斗争的旗帜。1931 年 10 月，以晋西游击队为基础组成的陕北游击支队转战至甘肃合水县南梁地区，同刘志丹领导的南梁游击队会合，不久后改编为中国工农红军陕甘游击队，在陕甘边界地区开展游击战争。1932 年春，习仲勋领导发动“两当兵变”。1933 年 3 月 8 日，为了加强党对创建军队和苏区的领导，根据陕西省委指示，中共陕甘边特别委员会（以下简称“陕甘边特委”）成立。至 1933 年冬，在陕甘边特委的领导下，由陕甘游击队扩编成的中国工农红军第二十六军（以下简称“红二十六军”），先后开辟了以照金为中心和以南梁为中心的两块根据地。1934 年 11 月，陕甘边工农兵代表大会在华池县荔园堡召开，大会选举产生了陕甘边苏维埃政府及陕甘边革命军事委员会，习仲勋担任政府主席，刘志丹担任军委主席。在陕北地区，从 1932 年 3 月开始，在中共陕北特别委员会（以下简称“陕北特委”）领导下相继建立的几支红军游击队，在安定、清涧、延川、延安等县境内开展游击战争，至 1934 年 8 月，开辟了安（定）延（川）、绥（德）清（涧）、佳（县）吴（堡）、神（木）府（谷）四块根据地。1935 年 1 月，陕北第一次工农兵代表大会在安定县白庙岔召开，大会决定成立陕北苏维埃政府，选举马明方为政府主席。1 月 30 日，陕北特委在白庙岔召开会议，将陕北红军第一、二、三团合编为中国工农红军第二十七军（以下简称“红二十七军”）八十四师。2 月 21 日，谢子长因伤逝世，享年 38 岁。毛泽东曾三次为谢子长墓题词：“民族英雄”“虽死犹生”“谢子长同志千古，前仆后继，打倒人民公敌蒋介石”。

1935年2月5日，陕甘边特委、陕北特委在赤源县周家崄召开联席会议，会议由刘志丹主持。会议讨论了两块根据地统一党和军队领导以及反“围剿”斗争的战略方针等问题，决定成立中国共产党西北工作委员会（以下简称“中共西北工作委员会”）和中国工农红军西北革命军事委员会，统一领导陕甘边、陕北两块根据地和红二十六军、红二十七军两支红军及地方武装。7月，红军粉碎了国民党军的第二次“围剿”，陕甘边和陕北两块根据地连成一片，形成西北革命根据地。

1934年至1935年6月间，陕甘边红军、陕北游击队和红二十六军、红二十七军，先后两次打破了国民党军共计4万多人的各路“围剿”，共歼敌3 000余人，巩固、扩大了陕甘苏区。1935年6月，蒋介石赶赴西安，亲自任西北“剿匪”总司令，任命张学良为副总司令，代行总司令之职，指挥陕、甘、宁、绥、晋等五省国民党部队10万兵力，于7月下旬开始向陕甘苏区发动第三次“围剿”。

1934年11月26日，红二十五军从河南省罗山县何家冲出发，开始长征。1935年9月15日，红二十五军3 400多人到达陕甘苏区延川县永坪镇，16日，刘志丹率领红二十六军、红二十七军与红二十五军在此胜利会师。至此，红二十五军历时10个月，转战鄂豫陕甘四省、行程约万里的征程结束。17日，中共鄂豫陕省委、中共西北工作委员会和军队主要领导干部在永坪镇召开联席会议。会议决定，撤销中共西北工作委员会、中国工农红军西北革命军事委员会和中共鄂豫陕省委，组建中共陕甘晋省委员会，由朱理治任省委书记，郭洪涛任副书记，统一指挥这个地区的革命斗争。会议还决定，红二十五军、红二十六军、红二十七军合编为红十五军团，由徐海东任军团长，程子华任政委，刘志丹任副军团长兼参谋长。其中红二十五军3 400余人，红二十六军、红二十七军合计4 000余人，总计7 000余人。18日，两军会师和红十五军团成立大会召开。

红十五军团成立后，先后发动了甘泉劳山战役和富县榆林桥战役，进一步巩固了西北革命根据地。劳山战役和榆林桥战役是红二十五军到达陕北，与红二十六军、红二十七军会师后取得的重大胜利。这两场战役的胜利，不仅使远征的红二十五军部队得以喘息，而且战役中缴获的大量物资也使新组建的红十五军团的武器装备得到改善，服装给养得到补充，为迎接中共中央和中央红军的到来创造了有利条件。

西北革命根据地是第二次国内革命战争时期中国共产党直接领导的、在长征后唯一完整保存下来的根据地，在其形成、巩固与发展过程中，以刘志丹、谢子长、习仲勋为代表的中国共产党人，把马克思主义的群众观与根据地创建和发展的实际结合起来，深刻地影响和教育了根据地的群众。在《西行漫记》（又名《红星照耀中国》）一书中，美国记者埃德加·斯诺用极长的篇幅描写了“现代侠盗罗宾汉”刘志丹的生平和功绩，其中写道：

> 在他们（江西、福建、湖南等南方革命根据地的共产党人）西北方向的远远的山区里，另外一个黄埔军校生刘志丹当时正在为目前陕西、甘肃、宁夏的苏区打基础。刘志丹是个现代侠盗罗宾汉，对有钱人怀有山区人民的一贯仇恨。在穷人中间，他的名

字带来了希望，可是在地主和老财中间，他成了惩奸除恶的天鞭。

……

陕西红军迅速扩大，提高了素质，多少稳定了他们所在地区的情况。成立了陕西省苏维埃政府，设立了一所党校，司令部设在安定。苏区有自己的银行、邮局，开始发行粗糙的钞票、邮票。在完全苏维埃化的地区，开始实行苏维埃经济，地主的土地遭到没收，重新分配，取消了一切苛捐杂税，设立了合作社，党发出号召，为小学征求教员。

正是因为西北革命根据地的发展和巩固，1935 年 9 月 22 日，中共中央在哈达铺关帝庙召开全军团以上干部会议，毛泽东在报告中提出，红军“要到陕北去，那里有刘志丹的红军”。同时，中共中央还完成了对部队最后的整编工作，正式宣布组成中国工农红军陕甘支队，彭德怀任司令员，毛泽东任政委，共 7 000 多人，下辖 3 个纵队。9 月 27 日，陕甘支队占领甘肃通渭县榜罗镇，并在此召开了中共中央政治局常委会议，正式决定前往陕甘苏区。9 月 30 日，中共中央和陕甘支队离开榜罗镇。

10 月 19 日，中共中央和中央红军历经二万五千里长征胜利到达陕北吴起镇。10 月 22 日，中共中央在吴起镇召开中共中央政治局会议，决定在陕北“立足”，“保卫和扩大陕北苏区，以陕北苏区领导全国革命”。会议指出，我们在这里将开始“新的有后方的运动战”，陕、甘、晋三省，是我们将来“发展的主要区域”。

对于长征这次战略大转移的伟大历史意义，1935 年 12 月，毛泽东在瓦窑堡党的活动分子会议上的报告中指出：

长征是历史纪录上的第一次，长征是宣言书，长征是宣传队，长征是播种机。自从盘古开天地，三皇五帝到于今，历史上曾经有过我们这样的长征吗？十二个月光阴中间，天上每日几十架飞机侦察轰炸，地下几十万大军围追堵截，路上遇着了说不尽的艰难险阻，我们却开动了每人的两只脚，长驱二万余里，纵横十一个省。请问历史上曾有过我们这样的长征吗？没有，从来没有的。长征又是宣言书。它向全世界宣告，红军是英雄好汉，帝国主义者和他们的走狗蒋介石等辈则是完全无用的。长征宣告了帝国主义和蒋介石围追堵截的破产。长征又是宣传队。它向十一个省内大约两万万人民宣布，只有红军的道路，才是解放他们的道路。不因此一举，那么广大的民众怎会如此迅速地知道世界上还有红军这样一篇大道理呢？长征又是播种机。它散布了许多种子在十一个省内，发芽、长叶、开花、结果，将来是会有收获的。总而言之，长征是以我们胜利、敌人失败的结果而告结束。

3 举行了一个奠基礼

陕北民歌《山丹丹开花红艳艳》中唱道：“一道道的那个山来哟，一道道水，咱们中央红军到陕北”“千家万户把门开，快把咱亲人迎进来”。这些歌词经过了一定的艺术加工，事实上，那天下午，当地老百姓看到，沿着头道川的崎岖河谷，来了不少衣衫褴褛、面容憔悴的军人。有人问他们是什么人，他们回答说，“我们是红军”。很多战士带着南方口音，将“红”读成“奉”。老百姓还以为是被称为“奉军”的东北军来了，所以人们几乎都跑到附近的山上躲了起来，只留下老弱病残者在家里。但很快，人们便发现了这支军队与国民党军队的不同之处。

据时任赤安县六区一乡党支部书记刘景瑞回忆，在吴起镇的中央红军展现出了良好的作风、严明的纪律，人那么多，但不进民房，不随便吃老百姓一碗饭，一举一动都有秩序。老百姓发现，他们说话虽然听不懂，但对人很和气。当地群众开始猜测着：莫非真的是老刘（刘志丹）经

常讲的毛主席领导的红军来了吗？这样，群众才逐渐打消了疑虑，跑到山中的老百姓也陆续回来了。中共中央和中央红军在吴起镇驻扎的11天里，发生了很多故事。宿营在头道川倒水湾的红军，因为没有锅，便借了房东张宪杰家的一口水缸做饭，不料水缸烧裂了，战士们立即赔了两块银圆。有一天，徐特立在河边勘察地形，这时一位老奶奶带着孙子过河，不慎失足掉入河中。10月的河水已经冰冷刺骨，但徐特立毫不犹豫，跳下河去，将二人救起，还将自己的棉衣送给了他们。

陕北吴起镇

中共中央落脚吴起镇时，敌人有4个骑兵团在后面紧追不放。当天晚上，毛泽东、彭德怀等召开军事会议，研究切掉这条“尾巴”。毛泽东认为：我们到了根据地，叫花子打狗——已有墙可靠。我们决不能把敌人引进根据地。我们虽然很疲劳，但敌人也疲劳。我们要利用吴起多山的地形，打它个胜仗，作为送给陕北人民的一个见面礼。10 月 21 日清晨，红军在吴起镇头道川两边的山岭上和沟道里布下了伏兵，专候国民党骑兵的到来，毛泽东则登上吴起镇西面的平台山，在一棵杜梨树下设立了指挥所。上午 8 点左右，马鸿宾的第三十五师骑兵团最先进入红军的埋伏圈，彭德怀立即下达了攻击命令，战士们打得敌人晕头转向，纷纷落马溃逃。随后东北军白凤翔部的骑兵先遣团赶来，又被迅速打散。这场战役，总计打死打伤敌军 600 余人，俘虏 1 000 余人，缴获战马 1 600 余匹，还缴获了一批武器。

“切尾巴”战役是中央红军长征的最后一仗，也是中央红军进入陕甘苏区的第一个胜仗，给陕北人民群众创造了一个稳定的生存环境。毛泽东高兴之余，写下了一首六言诗：

山高路远坑深，
大军纵横驰奔。
谁敢横刀立马，
唯我彭大将军。

在中共中央落脚陕北前后，即 1935 年的 10 月 1 日和 25 日，红十五军团先后取得了劳山战役、榆林桥战役的胜利。蒋介石对此极为震惊，立即重新调整“围剿”部署，以 5 个师的兵力，企图首先构筑沿葫芦河的东西封锁线，并打通洛川、富县、甘泉、延安之间的联系，构筑沿洛河的南北封锁线，限制红军向南发展，尔后采取南进北堵、逐步向北压缩的战法，消灭红军于洛河以西、葫芦河以北地区。10月28日，国民党东北军第五十七军代军长董英斌率第一〇六师、第一〇八师、第一〇九师、第一一一师，由甘肃省庆阳、合水经太白镇沿葫芦河向富县东进，于11月1日进占太白镇；6日，第六十七军第一一七师由洛川进至富县，配合第五十七军东进。11月上旬，第五十七军以1个师防守太白镇，主力3个师沿葫芦河向直罗镇、富县攻击前进。其先头第一〇九师进至黑水寺、安家川地区时，军部率另2个师进至张家湾东西地区。

11月3日，中共中央政治局常委会议在甘泉县下寺湾召开。会议决定：成立西北军事委员会，毛泽东任主席，周恩来、彭德怀任副主席；中央分两路行动，张闻天、博古率中央机关北上进驻瓦窑堡，毛泽东、周恩来、彭德怀率陕甘支队南下准备粉碎敌人围剿。11日，毛泽东、周恩来、彭德怀率领中央军委机关及红一军团来到富县北道德塬，进驻东村，红一军团和红十五军团在此胜利整编，正式宣布恢复红一方面军番号、建制。18日，毛泽东在张村驿主持召开了军委扩大会议，部署直罗镇战役。19日下午，红一军团和红十五军团分别从东南两向急行军至直罗镇地区。20日，在红十五军团一个连和县游击队的引诱下，国民党第一〇九师师长牛元峰率军在飞机的掩护下从黑水寺沿葫芦河川闯进直罗镇，并以为击败了红军，在镇子中杀鸡宰羊，开始庆祝。当天深夜，红军便将直罗镇重重包围，21日拂晓，红一军团由北向南，红十五军团由南向北，从两个方向突然发起猛攻，牛元峰及残部500余人退到直罗镇东南土寨内。23日午夜，牛元峰率残部突围，红军立即发起追击，全歼残敌，师长牛元峰被击毙。直罗镇战役，红一方面军共歼敌 1 个师另 1 个团，毙敌师长牛元峰，俘敌 5 300 余人，缴获长短枪 3 500 余支，轻机枪 176 挺，迫击炮 8 门，无线电台 2 部，子弹 22 万多发。

直罗镇战役的胜利，打破了国民党军对陕甘苏区的第三次“围剿”。毛泽东评价说，直罗镇战役胜利的重大意义在于：使刚刚会师的红军认识到会合和团结的意义，从而增强了团结；鼓舞了军队与人民群众的情绪，为猛烈扩大红军，巩固和扩大苏区创造了有利条件；“给党中央把全国革命大本营放在西北的任务，举行了一个奠基礼”。

4　毛主席来了晴了天

中央红军到达陕北前，刘志丹等领导红二十六军、红二十七军粉碎了国民党第二次“围剿”，解放了六座县城，把陕北、陕甘边苏区连成一片，开创了大片革命根据地。

作为革命根据地的创始人之一的刘志丹，和群众的关系非常密切。他对陕北许多村子的地形地貌、有多少人家、有多少窑洞，都记得一清二楚。他处处关心群众生活，不管斗争多么艰苦，总是教育干部和战士不要拿群众一针一线。他在陕北群众中有很高的威望，人们亲切地称他“老刘”，千方百计地给“老刘”的部队以支持和掩护。正因为有了这种鱼水相依的关系，这块革命根据地才能在艰难困苦中建立和巩固下来。在陕北流传着这样一首民歌：“正月里来是新年，陕北出了个刘志丹，刘志丹来是清官，他为人民把身翻……”

不幸的是，1935 年 9 月至 10 月间，在陕甘苏区发生了错误肃反，王明“左”倾路线的执行者杀害了红二十六军和陕甘苏区党政军干部、战士200余人，逮捕关押了刘志丹、习仲勋等一批革命干部。据《习仲勋传》记载：“左”倾教条主义的执行者先后在前线和后方机关逮捕了包括刘志丹、习仲勋、张秀山、刘景范、马文瑞、杨森、蔡子伟、张文舟、李启明在内的一大批党政军主要领导干部，红二十六军营级以上、陕甘边县级以上干部全部予以关押，陕甘边特委第一任书记金理科等优秀干部被错杀。

在逮捕刘志丹时，刘志丹刚好因公要到瓦窑堡去，半路上碰到传递命令的通信员，通信员不知底细，把信交给了刘志丹。刘志丹看完信后，十分冷静地把信退给通信员，并说：“你赶快把信送到军团部去，就说我去瓦窑堡了。”然后，又叫自己的警卫员同通信员一起回部队去，他一个人前往瓦窑堡。一到瓦窑堡，他就被捕了。在整个过程中，刘志丹表现出了一个真正共产党员的光明磊落的气概。

瓦窑堡会议旧址

这些错误肃反的行为一时间在群众中引起恐慌，根据地人人自危，地主、富农趁机挑拨、煽动，以致保安、定边、安塞、靖边等几

个县出现“反水”，国民党军队趁机大举进攻，根据地日益缩减，陷入危机。

中共中央在吴起镇休整了 11 天之后，经保安于 1935 年 11 月 2 日到达甘泉县下寺湾。11 月 3 日，中共中央在下寺湾召开中共中央政治局常委会议，毛泽东听取了郭洪涛等人的汇报后说道，我们刚刚到陕北，仅了解到一些情况，但我看到人民群众的政治觉悟很高，懂得许多革命道理，陕北红军战斗力很强，苏维埃政权能巩固下来，我相信创造这块根据地的同志是党的好干部。当即下令停止逮捕，停止审查，一切听候中央解决。中央负总责的张闻天立即委派国家政治保卫局执行部部长王首道先去瓦窑堡接管西北保卫局，避免情况进一步恶化。临行前，毛泽东还叮嘱王首道等人：“杀人不能像割韭菜那样，韭菜割了还可以长起来，人头落地就长不拢了。如果我们杀错了人，杀了革命的同志，那就是犯罪的行为，大家要切记这一点，要慎重处理。”会后不久，毛泽东、周恩来等离开下寺湾到前线指挥军事斗争，张闻天负责陕北肃反问题的解决。

1935 年 11 月 7 日，张闻天率领中央机关到达瓦窑堡，随后组成了五人党务委员会，负责审查肃反事件。在张闻天的具体领导下，刘志丹、习仲勋等被关押的一批干部很快被释放。11 月 26 日，王首道宣读了《西北中央局审查肃反工作的决定》，严厉批判了肃反过程中的粗暴行为及带来的恶果。11 月底，张闻天主持了为刘志丹等同志平反的活动分子会议。陕北错误肃反得到了及时制止和纠正，此举挽救了陕北的党、红军和根据地，为中央红军和各路红军长征在陕北落脚创造了重要的内部条件。后来，老百姓把“毛主席来了晴了天”这句歌词唱遍了黄土高原。

1942 年，中央领导西北局高级干部会议通过《中央关于一九三五年陕北（包括陕甘边及陕北）“肃反”问题重新审查的决定》，正确地分清了路线是非，指出刘志丹等同志所坚持的政治路线和立场是正确的。

对于这段历史，陕甘苏区的主要创建者和领导者之一的习仲勋在回忆文章《红日照陕甘》中写道：

> 千里雷声万里闪。在这十分危急的关头，党中央派的先遣联络员带来了令人无比高兴的喜讯：毛主席来了！一九三五年十月，毛主席率领中央红军进入陕甘边的吴起镇，他立即向群众和地方干部进行调查。当时陕甘边特委的龚逢春同志去迎接毛主席，向毛主席汇报了陕甘边和陕北根据地红军胜利发展的情况，又汇报了当时乱搞“肃反”，把刘志丹等红二十六军的干部抓起来的问题。毛主席马上下达指示：立即停止任何逮捕，所逮捕的干部全部交给中央处理，并派王首道等同志去瓦窑堡办理此事。我们这一百多个幸存者被释放了。毛主席挽救了陕甘红区的党，也挽救了陕甘革命根据地，出现了团结战斗的新局面。

全民族抗战才是我们的出路

中共中央落脚陕北之后，面对日益严重的民族危机，根据共产国际第七次代表大会（以下简称“共产国际七大”）的决议精神召开了瓦窑堡会议，确定了建立抗日民族统一战线的政策方针。之后，中共中央领导了东征和西征，并实现了 1936 年 10 月三大主力红军的胜利大会师。西安事变发生之后，中国共产党从民族大义出发，力主和平解决西安事变，抗日民族统一战线最终得以建立。由于有抗日民族统一战线作为根本保证，中国最终赢得了近代以来抗击外敌入侵的第一次完全胜利。正如习近平总书记指出的：“在中国共产党倡导建立的抗日民族统一战线旗帜下，‘四万万人齐蹈厉，同心同德一戎衣’，中国人民以血肉之躯筑起拯救民族危亡、捍卫民族尊严的钢铁长城，用生命和鲜血谱写了中华民族历史上抵御外侮的伟大篇章。”

1　远方来人

1935 年 5 月 29 日，夺取泸定桥的当晚，红军在泸定桥附近的一所房子里召开会议。毛泽东、朱德、周恩来、张闻天、王稼祥、陈云等中共中央政治局委员参加了会议。由于陈云会讲上海方言并且具有丰富的白区工作经验，中共中央决定派陈云完成恢复白区党的组织，与上海共产国际取得联系的任务。6 月，陈云秘密地离开了长征队伍，去完成中央交给他的任务。由于上海白色恐怖严重，不具备恢复工作的条件，陈云经过考虑，认为在一时不能完成中央交代的任务的情况下，去苏联与共产国际建立直接的联系，也不失为一种好的选择。9 月下旬，陈云一行到达莫斯科，向共产国际汇报了中共中央召开遵义会议及战略转移的情况。

7 月 25 日至 8 月 20 日，共产国际七大在莫斯科召开，决定建立广泛的反法西斯统一战线。在会议期间，中国共产党根据共产国际新的战略方针，起草了《为抗日救国告全体同胞书》（即《八一宣言》）初稿，指出“我国家，我民族，已处在千钧一发的生死关头。抗日则生，不抗日则死，抗日救国，已成为每个同胞的神圣天职”，号召建立以中国共产党为领袖的“反蒋抗日”统一战线。

作为中华全国总工会驻赤色职工国际代表和中共中央驻共产国际代表团成员，林育英出席了大会，并在共产国际七大筹备期间参与起草了《八一宣言》。1935 年 7 月末 8 月初，共产国际七大刚刚通过两个决议案，林育英就奉共产国际指示，带着共产国际七大的精神和两套与共产国际直接联系的密电码，化名“张浩”，以共产国际代表的身份回国，寻找中共中央传达新精神。为防路上被敌抓捕、遭遇不测，他不带任何文字材料，行前背下了文件内容和新电码。他先乘飞机到达蒙古边境，然后取道内蒙古，化装成一个卖货郎，先骑骆驼后步行，跋涉千里通过内蒙古戈壁。11 月初，他不辱使命，到达陕北定边县，看到布告，由赤卫队护送，于 11 月 19 日到达瓦窑堡。

刘英于 1991 年 10 月 6 日在《人民日报》撰文，忆起与丈夫张闻天在边区接待张浩的情景：

> 来人反穿一件光板羊皮袄，正是壮年，看去机警精干……我问他这一路怎么来的，他说：“有车坐车，没车走路。”从蒙古越境进入中国以后，他一路上装扮成卖货郎，挑着货郎担沿途打听红军消息，是看到了陕北红军的布告才找来的。这一路走了整整三个月。我看墙角摆着一副担子，里面还有不少小孩衣服、帽子之类东西呢！

张浩带回来的共产国际七大精神，无疑与中共中央、毛泽东的认识相吻合。1935 年 12 月 17 日至 25 日，中共中央在瓦窑堡召开中共中央政治局会议。毛泽东、张闻天、周恩来、博古、李维汉、王稼祥、刘少奇、邓发、凯丰（何克全）、张浩、邓颖超、吴亮平、郭洪涛等出席或列席会议。会议传达了共产国际七大决议的精神和《八一宣言》的内容，并结合当时我国的形势，经过反复研究讨论，通过了《中央关于目前政治形势与党的任务决议》。12 月 27 日，毛泽东又在党的活动分子会议上作了《论反对日本帝国主义的策略》的报告，对《中央关于目前政治形势与党的任务决议》给予了马克思主义的阐述，奠定了党的统一战线政策的理论基础。瓦窑堡会议从理论和政策上正式确立了中国共产党关于建立抗日民族统一战线策略的总路线，提出“党的任务就是把红军的活动和全国的工人、农民、学生、小资产阶级、民族资产阶级的一切活动汇合起来，成为一个统一的民族革命战线”。

之后，张浩根据中共中央、毛泽东的要求，以共产国际代表的身份，与张国焘反复沟通协商，为顺利实现三个方面军的大会师作出了贡献。对此，红四方面军总指挥徐向前在《历史的回顾》中写道：“张国焘上不着天，下不着地，心里着慌。特别是张浩来电，传达共产国际的指示，肯定中央北进路线是正确的，高度评价中央红军的英勇长征，这对张国焘的分裂主义，无疑是当头一棒。”

1937 年 8 月，张浩担任中央军事委员会委员职务。中国工农红军主力改编为国民革命军第八路军（以下简称“八路军”）后，张浩又被任命为第一二九师政委，参加指挥了忻口战役、娘子关战役和夜袭阳明堡机场的战斗。1938 年 2 月底，因脑伤时常发作，张浩从前线返回延安。1940 年 4 月 30 日，张浩在庆祝五一国际劳动节大会上发表讲演时，突发脑出血晕倒在讲台上，从此卧病在床。1942 年 3 月 6 日凌晨，张浩在延安中央医院病逝。3 月 9 日，张浩公祭仪式在延安中央党校大门外的广场上隆重举行。毛泽东题写了“忠心为国，虽死犹荣”的挽词，并与朱德、任弼时、刘少奇、徐特立等中央领导人亲自将他的棺柩抬到文化沟的桃花岭上，又亲自为他执绋安葬。这是毛泽东一生中唯一一次给自己的战友抬棺、下葬。

毛泽东等同志为张浩抬棺

2 打到山西去

1935 年 12 月的瓦窑堡会议分析了国内外形势和将来的发展方向，讨论了转变党的策略方针的必要性和建立抗日民族统一战线的可能性，通过了《中央关于军事战略问题的决议》（以下简称《决议》）。《决议》确定红军军事战略的基本原则：把国内战争同民族战争结合起来，准备对日作战，扩大红军。红军的军事部署和作战行动，应确定地放在“打通苏联”与“巩固扩大现有苏区”这两个任务上来。具体而言，要把红军行动与苏区发展的主要方向，放在东边的山西和北边的绥远等省，并提出了“抗日反蒋、渡河东征”的口号。

1936 年 1 月 15 日，毛泽东、周恩来、彭德怀签发了《关于红军东进抗日及讨伐卖国贼阎锡山的命令》，命令“主力红军即刻出发，打到山西去”。1 月 17 日，中共中央政治局常委会议讨论行动方针和组织分工问题，毛泽东作关于目前行动方针与计划的报告。报告指出：

今年我们的基本任务是巩固和扩大苏区及打通苏联。我们要把国内战争与民族战争联系起来，扩大抗日力量及主力红军。二月至七月，我们的行动在山西，由山西到绥远的转机，要看日本对山西、绥远进攻的程度及我们力量如何而定。我们向南、向西、向西北，文章不好做。向东的军事基本方针是稳打稳扎政策，背靠苏区建立根据地，争得渡黄河来往的自由。我们在陕北要扩大自己的力量，使它能担当保卫陕北的任务。山西的发展，对陕北有极大帮助，我们要下大决心到山西。政治局随军行动，陕北组织中央局。

1 月 31 日，毛泽东在延长县主持召开西北革命军事委员会会议，进一步讨论战略方针和东征战役的问题。经过毛泽东的反复说明，会议统一了认识，同意红军发展的主要方向应放在山西和绥远等省。并决定红一方面军以中国人民红军抗日先锋军名义实行东征，由彭德怀任总司令，毛泽东任总政委，叶剑英任总参谋长，下辖红一军团、红十五军团和中国工农红军第二十八军（以下简称“红二十八军”）。红一军团，林彪为军团长，聂荣臻为政委；红十五军团，徐海东为军团长，程子华为政委；红二十八军，刘志丹为军长，宋任穷为政委。中国工农红军第二十九军和陕北的一些地方武装由周恩来、博古指挥，留守陕北苏区。

2 月 5 日，毛泽东和红军总部的工作人员来到清涧县袁家沟村，借住在当地群众白育才的窑洞里。在此居住期间，毛泽东到黄河岸边视察地形，看见雄浑壮观的北国雪景，非常振奋，写下了气壮山河的《沁园春·雪》：

北国风光，千里冰封，万里雪飘。
望长城内外，惟余莽莽；
大河上下，顿失滔滔。
山舞银蛇，原驰蜡象，欲与天公试比高。
须晴日，看红装素裹，分外妖娆。

江山如此多娇，引无数英雄竞折腰。
惜秦皇汉武，略输文采；
唐宗宋祖，稍逊风骚。
一代天骄，成吉思汗，只识弯弓射大雕。
俱往矣，数风流人物，还看今朝。

毛泽东创作《沁园春·雪》所用的小炕桌

遵照命令，各路东征部队迅速隐蔽地集结到黄河岸边，进行渡河准备。当时，在北起河曲、保德，南到永和、大宁近千里的黄河沿线，阎锡山部队修筑高碉、暗堡 1 000 余个，河防一线总兵力达 4 个独立旅之多。濒临黄河东岸的各重要城镇如三交、碛口、孟门、军渡、中阳、石楼等地，亦驻有重兵，构成阻抗红军向纵深发展的第二道防线，并可随时应援沿河各个渡口。为弥补第一、第二道防线的不足，他们又依托吕梁山区的山隘要道，在中阳县关上村、隰县水头镇，分遣2个独立旅进行守备，构成阻击红军的第三道防线。此外，为弥补主力部队的兵力不足，震慑当地民众，实施其“政治防共”“民众防共”的防范措施，阎锡山成立“防共保卫团”，严厉镇压当地民众和同情抗日的革命人士，致使不少到山西走亲访友的无辜百姓和小商小贩惨遭杀害。短短数十天，晋西沿河各县被杀害的民众达百余人之多。

2月18日，彭德怀、毛泽东在袁家沟发布《关于东征作战的命令》，宣布2月21日晚8时开始渡河。由于准备工作进展顺利，渡河开始的时间比原计划提前了一天。当时指挥员使用的都是缴获来的快慢不一的破旧手表，对此，毛泽东特意电示各部：“渡河时间不可参差，一律20号20时开始，以聂荣臻之表为准。”中国人民红军抗日先锋军偷渡被发觉后，改为强渡，从北起绥德的沟口、南到清涧县的河口百余里的渡口同时发起攻击。至21日拂晓，红一军团和红十五军团打垮对岸守敌，渡河登岸，占领了河防阵地。红军进入山西后，先后取得关上、蓬门、兑九峪战斗的胜利。之后兵分三路继续扩大战果，转战山西50余个县。

让人痛心的是，在战斗中，刘志丹牺牲了。1936年东征开始后，中共中央命令刘志丹和宋任穷率领红二十八军组成侧翼，从佳县以北渡黄河，插入晋西北地区，配合中央红军迅速打通走向抗日前线的道路。3月，红二十八军打下神木县沙峁镇后，经过调查研究，最后选定在通往山西兴县的神木县贺家川山坡渡口湾渡河。3月31日，部队胜利渡过了黄河。4 月 14 日，部队在攻打中阳县三交镇时遭国民党军阻击，刘志丹壮烈牺牲，年仅 33 岁。4 月 24 日，中共中央在瓦窑堡举行追悼大会，沉痛哀悼刘志丹同志。6 月，中共中央决定将刘志丹的出生地保安县更名为志丹县。1941 年，中共中央指示陕甘宁边区政府，在志丹县兴建陵园。1942 年，刘志丹牺牲六周年时，毛泽东亲笔题词："我到陕北只和刘志丹同志见过一面，就知道他是一个很好的共产党员。他的英勇牺牲，出于意外，但他的忠心耿耿为党为国的精神永远留在党与人民中间，不会磨灭的。"1943 年 4 月 23 日，中共中央和陕甘宁边区近万人，在延安为刘志丹举行隆重的移灵、公祭大会，朱德代表中央和八路军致辞。5 月 2 日，中共中央、陕甘宁边区政府在志丹县为其举行公葬典礼。毛泽东、周恩来、朱德、张闻天、博古、王稼祥、陈云、林伯渠、李富春、彭德怀、叶剑英、贺龙、徐向前、蔡畅等党政军领导人以及李鼎铭先生等均为刘志丹陵题词，深切地表达了广大干部群众对刘志丹的真挚感情。毛泽东题词："群众领袖民族英雄"，朱德称他为"红军模范"，周恩来为他题词"上下五千年，英雄万万千。人民的英雄，要数刘志丹"。

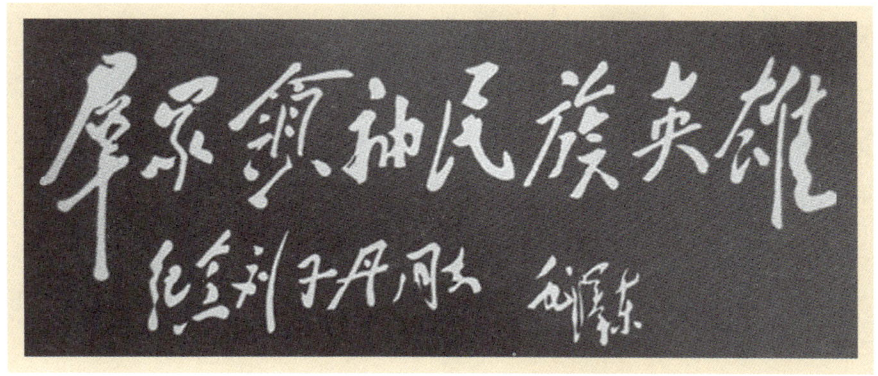

毛泽东的题词

鉴于蒋介石应阎锡山增援请求调10个师的兵力入晋，为了避免内战和建立抗日民族统一战线，1936年5月2日晚至5月5日，红军主力和总部人员先后从延水关、永和关、清水关、铁罗关一带渡过黄河，返回陕北。5月5日，毛泽东、朱德以中华苏维埃共和国政府主席和中国人民革命军事委员会主席的名义向南京政府及其海陆军队发出了号召停战议和、一致抗日的通电。红军东征，击溃了阎锡山部30多个团的围追堵截，歼敌13 000余人，俘敌4 000余人；同时，东征增加红军8 000余名，筹款50万元，组织地方游击队30多支，建立了部分县、乡、村苏维埃政权，发展了党的地方组织，在山西播下了抗日的革命火种。

但蒋介石、阎锡山坚持其内战政策，不仅没有接受停战议和、一致抗日的建议，反而继续调集大批军队，对陕甘革命根据地进行新的围攻。5月10日，毛泽东、彭德怀率东征红军由延川杨家圪台到达太相寺村。为保卫西北，巩固、扩大抗日根据地，扩大抗日红军，尤其是向北打通同苏联、蒙古的联系，向南迎接红二、红四方面军北上，实现红军三大主力会师，5月13日至15日，毛泽东在太相寺主持召开了红一方面军团以上干部会议。会议的主要议题是总结东征，部署西征。毛泽东在会上作了关于形势与任务的报告，指出东征打了胜仗，唤起了人民，扩大了红军，筹备了财物。当前的任务是扩大陕甘革命根据地，西面的甘肃、宁夏地区是无堡垒地区，我军应到这一地区进行外线作战。

3 新的进军方向

1936 年 5 月 18 日，毛泽东、周恩来、彭德怀在太相寺发布西征战役命令，决定组织西方野战军，由彭德怀任司令员兼政委，下分左、右两路军，分别以红一军团和红十五军团为主，共约 1.7 万人。这次红军西征的战略目的主要有以下三点：一是向西发展，努力创造和扩大新的陕甘宁边区革命根据地；二是创造条件，迎接红二、红四方面军北上，争取早日实现三大主力红军会师；三是消灭马鸿逵、马鸿宾，占领宁夏，打通同苏联和蒙古的联系，以便接受苏联的物资与技术等援助。

5 月 19 日，毛泽东、周恩来、张闻天、博古等离开太相寺，经冯家坪等地，于 21 日回到瓦窑堡。

西征历时两个多月，进行重大战斗 10 余次，解放城镇 10 余座，开辟了纵横各 200 千米的陕甘宁新革命根据地，给坚持反共的马鸿逵、马鸿宾部以沉重打击，同时增加红军 800 余人，筹款 4.5 万元，推动了抗日民族统一战线的发展，为红军三大主力会师创造了有利条件。7 月 27 日，西方野战军主力集结于豫旺地区休整，准备迎接红二、红四方面军北上。至此，西征战役胜利结束。

红一方面军西征的一个重要成果，就是 1936 年 6 月 21 日解放了盐池县城，建立了宁夏第一个县级红色政权，陕甘革命根据地发展为陕甘宁革命根据地。盐池县位于陕西、甘肃、宁夏、内蒙古交界处，东邻陕西省定边县，南靠甘肃省环县，北接内蒙古自治区鄂托克旗，西南、西北与宁夏回族自治区同心县、灵武县接壤，盛产食盐，战略地位极为重要。盐池县是陕甘宁革命根据地经济的重要支柱，是反摩擦的前哨阵地，也是陕甘宁革命根据地的对外窗口。

这一系列的战斗和成果，让陕甘宁革命根据地人民看到了中共中央、毛泽东决策的英明，以及久经锻炼的红军的神勇，开始自觉地跟随、拥护中国共产党和红军。

1936 年春，美国记者斯诺专程到上海拜访宋庆龄，表达了访问陕北苏区的愿望，并请她设法帮忙，“以便红军起码把我作为一个中立者来接待，而不把我当作间谍”。1936 年 6 月，经中共上海地下组织的请求，在宋庆龄的安排下，斯诺冒着生命危险，冲破国民党的严密封锁和阻拦，进入陕北苏区。斯诺的到来，引起中共中央的高度关注。周恩来在安塞见到斯诺时讲道：“我接到报告，说你是一个可靠的新闻记者，对中国人民是友好的，并且说可以信任你会如实报道。”“你不是共产主义者，这对于我们是没有关系的。任何一个新闻记者要来苏区访问，我们都欢迎。不许新闻记者到苏区来的，不是我们，是国民党。你见到什么，都可以报道，我们要给你一切帮助来考察苏区。”当斯诺来到志丹县时，欢迎他的人群中有中国共产党多数中央委员和当时在志丹县的几乎全部中共中央政治局委员，群众高举着

“欢迎美国记者来苏区调查”“打倒日本帝国主义”“中国革命万岁”等标语。

在志丹县，通过与中国共产党的领导人毛泽东、周恩来、朱德、贺龙、彭德怀等以及广大红军战士、农民、工人、知识分子的接触交往，斯诺了解了革命根据地政治、军事、经济、文化、生活各方面的真实情况，准确、鲜明、生动地记录下了中国共产党和工农红军的斗争业绩。斯诺所写的《毛氏会见记》记载：1936 年 7 月 15 日，与毛泽东谈外交问题；7 月 16 日，论日本帝国主义；7 月 18 日，谈内政问题；7 月 19 日，继续谈内政问题；7 月 23 日，谈特殊问题（即中国共产党与第三国际及苏联的关系）；9 月 23 日，论联合战线；9 月底至 10 月初，谈个人的生平和红军的长征史。10 月末，斯诺回到北平。1937 年卢沟桥事变前，斯诺根据自己的采访写成了闻名中外的《西行漫记》一书，客观、公正地介绍了中国革命的真实情况，震撼了世界，在国内外引起了巨大反响，许多西方进步作家和记者争先恐后地奔赴苏区访问。

采访期间，1936 年 8 月 16 日，在斯诺的要求下，他和美国医生马海德由黄华陪同，来到地处红军西征前线的宁夏境内红军总部所在地豫旺堡采访。一天清晨，斯诺和马海德来到南边城墙上散步，见一队号兵正在练习吹号，旁边还插着一面红旗，旗套上印有“中国人民红军抗日先锋军”一行字。斯诺看到这个场景，便拍了一张集体吹号的照片，但他感到不满意，想了一下，对号兵教练说：“请你站到这里来，对着红旗吹号。”教练是经过长征的老战士，名叫谢立全，时任红一军团教导营党总支书记。这时太阳从豫旺东塬畔缓缓升了起来，斯诺感到景色正好，便赶快按下了快门，拍下一张珍贵的照片，后来他给这张照片命名为《抗战之声》，并作为他介绍中国工农红军的名著《西行漫记》的封面。

对此，斯诺在《西行漫记》第十篇《战争与和平》的“红小鬼”一节中写道：

埃德加·斯诺的《西行漫记》封面

一天早上，我登上豫旺堡又宽又厚的黄色城墙，从上面往下看……在开了枪眼的雉堞上刚兜了一半，我就遇见一队号手——这时总算在休息，这叫我感到高兴，因为他们的响亮号声已连接不断地响了好多天了，他们都是少年先锋队员，不过是小孩子，因此我停下来对其中一个号手谈话时就采取了一种多少是父辈的态度。他穿着网球鞋、灰色短裤，戴着一顶褪了色的灰色帽子，上面有一颗模模糊糊的红星。但是，帽子下面那个号手可一点也不是褪色的：红彤彤的脸，闪闪发光的明亮眼睛，这样的一个孩子你一看到心就软了下来，就像遇到一个需要友情和安慰的流浪儿一样。我想，他一定是非常想家的吧！可是很快我就发现自己估计错了。他可不是妈妈的小宝贝，而已经是一位老红军了。他告诉我，他今年十五岁，四年前在南方参加了红军……

4　在抗日前进阵地的会合

1935 年 9 月，张国焘不顾敌情，一意孤行，带领红四方面军 8 万红军战士南下，造成 1936 年 4 月整编时，人数锐减到 4 万余人的恶果。经过中共中央、毛泽东、朱德、刘伯承、徐向前等的坚决斗争，1936 年 6 月 6 日，张国焘被迫取消另立的“中央”。

7 月 1 日，来自湘鄂川黔革命根据地的红二、红六军团在甘孜与红四方面军会合。同日，中共中央发来贺电，致以诚挚的祝福。7 月 2 日，按中央军委命令：红二、红六军团加上中国工农红军第三十二军合编为中国工农红军第二方面军（以下简称“红二方面军”），由贺龙任总指挥，任弼时为政委，总计 1.437 万人。7 月 27 日，西北局成立，统一领导红二方面军和红四方面军，分左、中、右三个纵队开始共同北上。

8 月，红四方面军和红二方面军先后到达甘肃南部地区。中共中央和中央军委决定，乘敌人尚未全部集中和部署就绪之际，迅速实现三大主力红军会师，为此一面指示红二、红四方面军迅速北上，一面组织红一方面军分左、右两个纵队向南推进，进行接应。

10 月 3 日，红一方面军第十五军团第七十五师进占会宁城。10 月 9 日，朱德、张国焘、徐向前、陈昌浩等率领红四方面军总部和第四军、第三十一军到达会宁城。红二方面军于 9 月中旬连克甘肃省东南部的成县、康县、徽县、两当，于 10 月迅速向北转移。10 月 21 日，贺龙、任弼时、关向应、刘伯承在平锋镇与红一方面军第一军团代理军团长左权、政委聂荣臻会面。10 月 22 日和 23 日，红二、红六军团分别在将台堡、兴隆镇同红一方面军会师。至此，红二、红四方面军完成了长征。

1936 年 10 月 9 日，红一、红四方面军会师地会宁西关

1936 年 10 月 10 日，中共中央、中华苏维埃中央政府、中央革命军事委员会联合发出《中央为庆祝一、二、四方面军大会合通电》，向三个方面军的领导人及全体指战员致以热烈的慰问和祝贺。通电

指出：

> 我们的这一在抗日前进阵地的会合，证明日本帝国主义的强盗侵略是快要受到我们全民族最坚强的抗日先锋队的打击了，证明中国民族抗日统一战线与抗日联军是有了坚强的支柱了。证明处在水深火热之中的全国同胞是有了团结御侮的核心了，证明正在抗日前线的爱国工人，爱国农民，爱国学生，爱国军人，爱国记者，爱国商人，英勇的东北义勇军以及一切爱国志士是有了援助者与领导者了，总之全国主力红军的会合与进入抗日前进阵地，在中国与日本抗争的国际火线上，在全国国内政治关系上，将要起一个决定的作用了。

11 月中旬，会师后的主力红军开始东撤，奔赴陕北。东撤途中，敌人集中兵力，尾追红军，并占领环县山城堡一带。为了消灭敌人，顺利进入苏区，党中央决定组织一次战役，彻底粉碎尾追敌人的进攻。11 月 21 日，红一、红二、红四方面军抓住时机，迅速向山城堡一带的敌人发起进攻，激战一昼夜，全歼胡宗南部第七十八师 1 个旅 2 个团，击溃其余敌人，取得了山城堡战役的重大胜利。山城堡战役是三大主力红军会师后，团结一致取得的第一个大胜利，也是长征的最后一仗。不久，西安事变发生并得到和平解决，十年内战基本结束。因此，这一仗的胜利，预示着长达 10 年的国内战争基本结束。彭德怀在其自述中谈到山城堡战役时指出："此役虽小，却成为促成'双十二事变'的一个因素。"聂荣臻在《结束第二次国内革命战争的最后一仗——山城堡战斗》中说："这一战斗对国内和平和抗日战争的实现，起了重要的促成作用。"

12月2日，朱德、张国焘等率红军总部到达陕北志丹，与中共中央会合。为便于统一领导中国工农红军，12月7日，中共中央决定建立统一的中央革命军事委员会，毛泽东任主席，周恩来、张国焘任副主席，朱德任中国工农红军总司令，张国焘任总政委。至此，中国工农红军主力经过艰苦长征，从东南转战到西北，实现了新的团结统一，中国革命将由此掀开崭新的一页。

各路红军长征起止时间、经过省区及累计行军里程表

	长征起止时间	经过省区（包括出发和到达省区）	累计行军里程
红一方面军	1934年10月至1935年10月	江西、福建、广东、湖南、广西、贵州、云南、四川、西康、甘肃、陕西	2.5万里
红二方面军	1935年11月至1936年10月	湖南、贵州、云南、西康、四川、青海、甘肃、陕西	2万余里
红四方面军	1935年3月至1936年10月	四川、西康、青海、甘肃	1万余里
红二十五军	1934年11月至1935年9月	河南、湖北、甘肃、陕西	近1万里
总计	1934年10月至1936年10月	江西、福建、广东、湖南、广西、贵州、云南、四川、西康、青海、河南、湖北、甘肃、陕西	6.5万余里

5 同心同德一戎衣

瓦窑堡会议决定成立东北军工作委员会，周恩来为主任，加强对东北军的统战工作。1936 年 3 月初，张学良飞抵洛川，与中共中央联络局局长李克农就双方联合抗日问题交换意见。根据张学良的要求，4 月 9 日，周恩来与张学良在延安城内一座天主教堂中秘密会晤，双方一致同意停止内战、共同抗日，并对许多问题交换了意见，达成协议。在会晤中，张学良对中国共产党在瓦窑堡会议上提出的“抗日反蒋”主张表示了不同意见，认为蒋介石是国内最大的实力派，又是国民党的主流派，如果反蒋，势必抛弃国内最大的一支军事力量。蒋介石提出“攘外必先安内”固然是错的，但他并未降日。因此，张学良主张自己在里面劝，共产党在外面逼，促使蒋介石改变错误的政策，走抗日之路。1936 年上半年，红军和东北军、西北军实际上停止了敌对行动，甚至还进行阵地联欢，红军、东北军、西北军相互联系，抗日民族统一战线的全新局面在西北逐渐形成。

1936 年 5 月 5 日，东征回师的中国共产党向国民党政府发出主张停战议和、一致抗日的通电，明确放弃反蒋口号，首次直接向南京国民政府提出建立抗日联合战线的建议。8 月 25 日，中共中央公开发表《中国共产党致中国国民党书》，再次呼吁停止内战，建立抗日民族统一战线。9 月 1 日，中共中央向党内发出《关于逼蒋抗日问题的指示》，正式确立了“逼蒋抗日”的方针。然而，对于日本帝国主义的侵略，蒋介石依然坚称：“和平未到完全绝望时期，决不放弃和平；牺牲未到最后关头，亦不轻言牺牲。”

12 月 12 日，为了劝谏蒋介石改变“攘外必先安内”的既定国策，停止内战，一致抗日，按照西北“剿匪”副总司令、东北军领袖张学良和国民革命军第十七路军总指挥、西北军领袖杨虎城的统一部署，东北军一部包围西安华清池，扣留了正在西安“督战”的蒋介石，第十七路军同时控制西安全城，扣押了陈诚、邵力子、蒋鼎文、陈调元、卫立煌、朱绍良等几十名国民党军政要员。事变当日，张学良和杨虎城向全国发出了关于“改组南京政府，容纳各党各派，共同负责救国；停止一切内战；立即释放上海被捕之爱国领袖；释放一切政治犯；开放民众爱国运动；保障人民集会结社一切政治自由；确实遵行总理遗嘱；立即召开救国会议”八项救国主张的通电。

西安事变爆发后，“处决蒋介石，报仇申大冤”成为根据地人们共同的呼声，中共中央的机关报《红色中华》刊发社论指出：蒋介石“十年反革命，五年卖国”，必须枪毙以谢天下。但在这种情况下，中共中央领导层内负总的责任的张闻天从中华民族共同抗日的角度出发，第一个提出了和平解决西安事变的主张，并很快得到了大多数领导的认同，逐渐成为全党的共识。毛泽东就曾讲：蒋介石的头杀不得，杀了头，日本鬼子高兴，亲日派高兴，中国就要发生大规模内战，给日本帝国主义大举入侵中国以可乘之机。我们的主张是让他答应我们提出的条件而放之，叫作逼蒋抗日嘛！他不抗日，共产党不答应，全国人民不答应，全世界同情中国人民的国际反法西斯阵营不答应。

中国共产党确定和平解决的方针后，应张学良、杨虎城的邀请，派周恩来、叶剑英、博古等人赴西安谈判。1936 年 12 月 23 日，周恩来与张学良、杨虎城同南京政府代表宋子文进行谈判。周恩来提出和平解决西安事变的六项主张：双方停战，“中央军”撤至潼关以东；改组南京政府，肃清亲日派，吸收抗日分子；释放一切政治犯，保证人民群众的民主权利；停止“剿共”，联合红军抗日，共产党公开活动；召开各党派各界各军救国会议，决定抗日救国方针；与同情中国抗日的国家实行合作。如蒋介石接受并保证实行上述六项主张，中国共产党、红军愿助他统一中国，一致对外。经过几次谈判，南京方面基本同意接受这些主张，各方于 24 日达成了以周恩来提出的六项主张为基础的协议。24 日晚，周恩来会见蒋介石，蒋介石表示接受谈判达成的协议，同意“停止‘剿共’，联红抗日”。对于在什么条件下释放蒋介石的问题，东北军高级将领争论激烈。张学良认为事态严重，唯恐夜长梦多，决定尽快释放蒋介石。12 月 25 日下午，张学良亲自陪送蒋介石回南京。至此，西安事变和平解决，十年内战的局面由此结束，第二次国共合作初步形成。西安事变成为重要的历史转折点。

作为中共代表参加西安事变谈判的博古、叶剑英、周恩来（由左至右）

为了促进国共两党合作的实现，1937 年 2 月 10 日，中共中央又致电国民党五届三中全会，提出五项要求：停止一切内战，集中国力，一致对外；保障言论、集会、结社之自由，释放一切政治犯；召集各党各派各界各军的代表会议，集中全国人才，共同救国；迅速完成对日抗战之一切准备工作；改善人民生活。同时提出四项保证，如果国民党将上述五项要求定为国策，共产党愿保证：在全国范围内停止推翻国民政府之武装暴动方针；苏维埃政府改名为中华民国特区政府，红军改名为国民革命军，直接受南京中央政府与军事委员会之指导；在特区政府区域内，实行普选的彻底的民主制度；停止没收地主土地之政策，坚决执行抗日民族统一战线之共同纲领。宋庆龄、何香凝、冯玉祥等赞成中国共产党的建议，在 2 月 15 日召开的国民党五届三中全会上提出恢复孙中山的“联俄、联共、扶助农工”的三大政策案，呼吁国共两党第二次合作。

2月中旬至7月中旬，中国共产党代表周恩来、博古、叶剑英、林伯渠等与国民党代表蒋介石、宋子文、顾祝同等，先后在西安、杭州、庐山进行了多次关于国共两党合作抗日的谈判。但因国民党方面坚持取消中国共产党组织上的独立性、取消红军、取消革命根据地的主张，双方没有达成协议。

7月7日，日本侵略军向北平西南的卢沟桥发动进攻，制造了震惊中外的七七事变，中华民族面临生死存亡的关头。于7月25日离开日本回国的郭沫若写下了诗作《归国杂吟》：

又当投笔请缨时，
别妇抛维断藕丝。
去国十年余泪血，
登舟三宿见旌旗。
欣将残骨埋诸夏，
哭吐精诚赋此诗。
四万万人齐蹈厉，
同心同德一戎衣。

七七事变发生的第二天，即7月8日，中共中央发布通电："全中国的同胞们！平津危急！华北危急！中华民族危急！只有全民族实行抗战，才是我们的出路！我们要求立刻给进攻的日军以坚决的反攻，并立刻准备应付新的大事变。全国上下应该立刻放弃任何与日寇和平苟安的希望与估计。"7月15日，中共中央将《中国共产党为公布国共合作宣言》送交蒋介石。17日，中共代表周恩来等在庐山与蒋介石继续谈判。同一天，蒋介石发表了准备抗战的谈话："如果战端一开，那就是地无分南北，人无分老幼，无论何人，皆有守土抗战之责，皆抱定牺牲一切之决心。我们只有牺牲到底，抗战到底，惟有牺牲的决心，才能博得最后的胜利！”当然，蒋介石的最后抗日之决心依然未定。8 月 13 日，日军大举进攻上海，扬言三个月灭亡中国。由于国民党统治的中心地区已受到直接威胁，8 月 14 日，国民政府发表《自卫抗战声明书》。

为了展现中国共产党力促抗日民族统一战线的诚意，中共中央决定在陕北洛川召开中共中央政治局扩大会议。1937 年 8 月 20 日，毛泽东、张闻天等由延安到洛川，朱德、博古、彭德怀、任弼时、刘伯承、贺龙、关向应等由红军总部泾阳县的云阳到洛川，此前林彪、徐向前已到洛川。21 日，周恩来由西安到达洛川。22 日至 25 日，中共中央在洛川召开了中共中央政治局扩大会议，史称“洛川会议”。在会议上，毛泽东作了关于军事问题和国共两党关系问题的报告。

洛川会议会址

毛泽东指出，红军的基本任务是创造根据地，牵制消灭敌人，配合友军作战，保存和扩大红军，争取共产党对民族革命战争的领导权；红军的作战方针是独立自主的山地游击战争，包括在有利条件下集中兵力消灭敌人兵团，以及向平原发展游击战争，但着重山地。关于国共两党关系的问题，毛泽东指出：要坚持统一战线，巩固扩大统一战线；同时要保持共产党在政治上、组织上的独立性，汲取1927年大革命失败的教训，对国民党的反共倾向保持高度的警觉性。会议通过了《中共中央关于目前形势与党的任务的决定》，指出中国的抗战是一场艰苦的持久战，争取抗战胜利的关键在于使已经发动的抗战发展为全面的全民族的抗战。会议还通过了《抗日救国十大纲领》和毛泽东起草的宣传提纲。这一纲领包括：打倒日本帝国主义；全国军事的总动员；全国人民的总动员；改革政治机构；抗日的外交政策；战时的财政经济政策；改良人民生活；抗日的教育政策；肃清汉奸卖国贼亲日派，巩固后方；抗日的民族团结。会议决定组成中共中央革命军事委员会，毛泽东为书记（亦称主席），朱德、周恩来为副书记（亦称副主席），以加强党对军事工作的领导。

8月25日，中央军委发布命令，将红一、二、四方面军和西北红军改编为八路军，朱德任总指挥，彭德怀任副总指挥，叶剑英任参谋长，左权任副参谋长，任弼时任政治部主任，邓小平任政治部副主任。全军共4.6万人，下辖3个师：第一一五师，以红一方面军为主编成，林彪任师长，聂荣臻任副师长；第一二〇师，以红二方面军为主编成，贺龙任师长，萧克任副师长；第一二九师，以红四方面军为主编成，刘伯承任师长，徐向前任副师长。改编后，主力开赴华北前线作战。

面对日军的疯狂进攻，在中国共产党的积极推动下，1937年9月

22日，国民党中央通讯社发表了《中国共产党为公布国共合作宣言》。23日，蒋介石再次发表谈话，指出：“此次中国共产党发表之宣言，即为民族意识胜过一切之例证。宣言中所举诸项，如放弃暴动政策与赤化运动，取消苏区与红军，皆为集中力量，救亡御侮之必要条件，且均与本党三中全会之宣言及决议案相合”“在存亡危急之秋，更不应计较过去之一切，而当使全国国民彻底更始，力谋团结，以共保国家之生命与生存。今日凡为中国国民，但能信奉三民主义而努力救国者，政府当不问其过去如何，而咸使其有效忠国家之机会；对于国内任何派别，只要诚意救国，愿在国民革命抗敌御侮之旗帜下共同奋斗者，政府无不开诚接纳……”对此，毛泽东在《国共合作成立后的迫切任务》中评价道：

> 蒋氏的谈话，承认了共产党在全国的合法地位，指出了团结救国的必要，这是很好的；但是还没有抛弃国民党的自大精神，还没有必要的自我批评，这是我们所不能满意的。但是不论如何，两党的统一战线是宣告成立了。这在中国革命史上开辟了一个新纪元。这将给予中国革命以广大的深刻的影响，将对于打倒日本帝国主义发生决定的作用。

解放区的天是明朗的天

陕甘宁边区建立后，中国共产党“本着拥护团结、坚持抗战、争取最后战胜日寇的方针，本着三民主义与抗战建国纲领的原则，根据陕甘宁边区的环境与条件”，以建设一个新天地为奋斗目标。在军事方面，依靠留守兵团，肃清土匪，保卫黄河，安定人民生活；在经济政策方面，争取外援，休养民力，发展农业和工业；在政治方面，将边区建成民主的抗日根据地，同时，经过不懈努力，在人民群众中建立司法基础，还将边区“文化教育荒漠”的状况彻底改变。经过长期稳定的局部执政，中共中央和毛泽东所在的陕甘宁边区成为“试验区”和“示范区”，成为新中国的雏形。

1　一个新天地

为实现向抗日民主政权的转变，中共中央早在 1936 年 9 月 17 日通过的《中央关于抗日救亡运动的新形势与民主共和国的决议》中指出：中央认为在目前形势之下，有提出建立民主共和国口号的必要，因为这是团结一切抗日力量来保障中国领土完整和预防中国人民遭受亡国灭种的惨祸的最好方法，而且这也是从广大的人民的民主要求产生出来的最适当的统一战线的口号。

1937 年 2 月 10 日，中共中央致电国民党五届三中全会，为实现国共第二次合作提出五项要求和四项保证。其中第二项保证的内容是："苏维埃政府改名为中华民国特区政府，红军改名为国民革命军，直接受南京中央政府与军事委员会之指导。"4 月，中华苏维埃共和国临时中央政府驻西北办事处（以下简称"西北办事处"）决定，为实现由苏维埃政府到特区政府的转变，并创造全国抗日民主的模范区，将苏维埃政策及其工作方式、方法转变为抗日民族统一战线的政策。5 月 12 日，《陕甘宁边区议会及行政组织纲要》《陕甘宁边区选举条例》等法规通过，正式确立了民主共和国的政治制度。

7 月 17 日，在与中共代表周恩来等人在庐山谈判时，蒋介石表示承认陕甘宁边区。同月，国民党与中国共产党商定，以下地域划归陕甘宁边区：陕西的肤施、甘泉、富县、延长、延川、安塞、安定、志丹、靖边、定边、淳化、旬邑、神府；甘肃的正宁、宁县、庆阳、合水；宁夏的盐池。1937 年 12 月与国民党签呈的陕甘宁边区政府管辖的范围，除上述 18 县外，又有清涧、米脂、吴堡、绥德、佳县 5 县，共 23 县。边区共计 129 608 平方千米，人口 200 万。

陕甘宁边区政府旧址

9 月 6 日，西北办事处更名为陕甘宁边区政府。陕甘宁边区政府成立后，由德高望重的林伯渠担任政府主席，张国焘、高自立、李鼎铭、刘景范、杨明轩先后任副主席，下设有办公厅、民政厅、财政厅、建设厅、教育厅、高等法院、保安处等厅局单位。从此，以延安为中心的陕甘宁边区，不仅是中共中央所在地，也是中国人民抗日战争的政治指导中心和中国人民解放斗争的总后方。

1937 年 8 月 25 日，红军主力改编为八路军，各部纷纷挥师北上抗日。此时，谁来保卫党中央、保卫毛泽东、保卫陕甘宁边区，成为一个现实问题。中央军委鉴于蒋介石国民党政府之前所为，为防变故，决定把八路军第一一五师炮兵营、辎重营，第一二〇师特务营、工兵营、炮兵营、辎重营及第三五九旅（以下简称“三五九旅”）第七一八团，第一二九师特务营、工兵营、炮兵营、辎重营及第三八五旅的第七七〇团，共 9 000 余人，组成八路军延安总部留守处。留守处由萧劲光任主任，莫文骅任政治部主任。同年 10 月，中央军委给留守部队下达了“保卫边区，肃清土匪，安定人民生活，保卫河防，保卫党中央，巩固与扩大留守部队”的指示。12 月，为了加强领导和指挥，中央军委决定将八路军后方留守处对内改称留守兵团。

1938 年 5 月 15 日，毛泽东起草了《陕甘宁边区政府、第八路军后方留守处布告》，对八路军后方留守处的职能进行了明确规定：边区境内已经分配的土地、房屋和已经废除的债务，不准擅自变更；保护边区政治、经济、军事、文化等组织及其他民众团体的活动，并促进其发展，制止一切阴谋破坏活动；凡未经同意并取得证明文件而进入边区活动的人，一律禁止；凡在边区进行阴谋破坏，或肆意捣乱，或迷惑群众，或暗探军情的人员，准许人民告发，证据确实者，准许就地逮捕，一经讯实，一律严惩不贷。

留守兵团的一个重要任务是保卫河防。全面抗战期间，沿陕西的府谷、神木、佳县、吴堡、清涧、延川、延长和山西的河曲、保德、兴县向南，至陕西的潼关、山西的风陵渡，是长达千里的黄河河防。

1937 年 11 月 9 日，太原失守后，日军的战略重点转向了华中和华南，但同时他们也妄图以山西为基地，强行西渡黄河进犯陕甘宁边区。因此，保卫河防也是当时边区军民的首要战斗任务。从 1938 年至 1942 年，八路军留守兵团河防部队在陕甘宁边区和晋西北人民支援与地方武装配合下，进行大小战斗 100 余次，使千里河防始终未被日军突破，这在中国抗日战争的江河防御作战中是绝无仅有的辉煌战绩。

对于河防保卫战，萧劲光在回忆录中这样写道：

> 单靠留守兵团的少数兵力，这么长的防线，当然是难以固守的。但是我们要和整个华北地区的抗日斗争形势联系起来看，在黄河东岸，无论是晋西北、晋西，还是晋东南的敌后，都有我八路军的主力和部分友军在不断打击敌人，破坏敌人的进攻计划，牵制敌人侵犯河防的行动。我们还有地理上的优势，黄河水深流急，浪涛汹涌，渡口又少，且东岸多土山，西岸多悬岩峭壁，过河只能漕渡，无法架桥。这样的地形条件，显然利于守而不利于攻。日军要想逾越这道天然屏障，也并非易事。加上我们有广大人民群众的支援，这是远离本土、孤军深入的日本侵略军所永远不能比拟的。

留守兵团的另一个重要任务是剿匪。从 1937 年 11 月开始，留守兵团集中了警一团、警二团、警五团和两个骑兵营，以及蒙汉骑兵支队共 2 000 余人的兵力，在三边地区官滩、盐池以北之圪蜡梁和安边的仓房梁一带，对张廷芝、范玉山、薛子茂等土匪连续进行了三次围剿，先后击毙土匪 100 余人，缴获马 100 余匹、枪械 60 余支。同时，留守兵团的第七一八团在富县以西的黑水寺、张村驿一带消灭了企图为匪的民团2股，缴获枪械70余支。1938年2月以后，留守兵团驻各地的警备团队与地方武装密切配合，采用政治瓦解与武力清剿相结合的办法，布下天罗地网，对大小土匪继续穷追猛打。经数十次战斗，历时不到一年，各地的土匪基本上被肃清了。按当时统计，被彻底消灭的土匪有36股，被击溃的土匪有10余股，生俘匪徒900余人，缴获轻机枪10挺、马步枪1 700余支、迫击炮2门、子弹20余万发。但是，清匪任务并没有到此结束。1939年冬天以后，“政治土匪”又在各地抢劫烧杀，扰乱边区，祸害群众。这类土匪的抢劫烧杀，实际上已经成为国民党制造摩擦事件的重要方式之一，是一种变相的武装进攻。因此，这以后的剿匪斗争就同反摩擦斗争紧密联系起来，较之前的剿匪斗争要复杂得多，既有军事斗争，又有政治斗争，既要清剿土匪，又要同当时国民党的军政要员打交道。

留守兵团还有一个重要任务是反摩擦斗争。1939年1月，国民党在其五届五中全会上通过“溶共、防共、限共、反共”的决议案后，设立专门的“防共委员会”，制定“异党问题处理办法”“限制异党活动办法”等对付中国共产党，并指使其在陕甘宁边区建立的地方政权机关公开进行反共宣传，攻击污蔑中国共产党和八路军，不断制造摩擦事件。1940年2月，国民党先后攻占旬邑、宁县、镇原、正宁、淳化5座县城及豫旺全县和陕甘宁边区境内的一些区乡领地，面积达3万余平方千米，人口计50万。据统计，从1938年年底至1944年春，国民党顽固派对边区发动武装进攻275次，抢劫骚扰457次，暗杀、诱逃、拘捕人员295次，制造了“陇东事件”和“旬邑事件”等。留守兵团在毛泽东的亲自指挥下，运用强大的舆论力量，对顽固派进行了无情揭露和控诉，打退了一次又一次的反共高潮。毛泽东对留守兵团的工作非常肯定，有一次，他对萧劲光说，我在延安，就是靠留守兵团吃饭。

1942 年 9 月，时任中共中央宣传部副部长的李维汉即将调任陕甘宁边区政府秘书长时，毛泽东曾专门叮嘱：“延安好比英国的伦敦。”对此，李维汉在《回忆与研究》一书中写道：“我体会这句话的意思是说，伦敦是英国的首都，它的政策影响着英国的众多的殖民地。我们当时也有很多根据地，根据地当然不是殖民地，但需要一个‘首都’作为政策中心，则是一样的。毛泽东是要求陕甘宁边区在执行党的政策中带个头，自觉承担试验、推广、完善政策的任务。”由此可见，陕甘宁边区作为中共中央所在地，是中国共产党局部执政的“试验区”“示范区”。

2 争取外援，休养民力

近代以来的陕北，战乱连连，灾害频发，地广人稀，交通不便，生产落后，地方政府财政经常处于入不敷出的状态，“抗战前陕北旧治二十三县中，有不少县份的收入尚不足本身每月仅三百六十元的政费开支”。1935 年中共中央落脚陕北时，面临着严重的经济困难，缺吃少穿，连温饱都成问题。当年 12 月，中央迫不得已向红十五军团军团长徐海东借钱：“请你部借 2 500 元给中央，以便解决中央红军吃饭穿衣问题。”徐海东立即叫人从共有的 7 000 块大洋中拿出 5 000 块给中央。好多年之后，毛泽东还说，那时候，多亏了那 5 000 块大洋。从 1935 年 10 月中共中央落脚陕北到 1937 年抗日民族统一战线建立，中共中央的主要收入是向农民借粮，向关系尚好的西北军、东北军借款，或接受他们的援助。

1937 年国共合作抗日实现后到 1941 年皖南事变发生前，边区的财政收入一大部分是依靠外援。外援中首要部分是国民政府发放的八路军经费，即在抗日民族统一战线建立过程中，国共两党通过艰巨谈判达成协议，国民政府以八路军 4.5 万人计算，每月发放 63 万元法币左右。从 1937 年 7 月到 1940 年 10 月，边区收到共计 16 405 340 元法币。此外，作为抗日民主模范区的陕甘宁边区，八路军、新四军（国民革命军陆军新编第四军）的英勇抗战和显著战绩，引发了国内外进步人士大量捐助款项和物资的热情，从 1937 年至 1940 年，陕甘宁边区共收到国内外进步人士的捐款 8 120 234 元法币。

1940 年，陈嘉庚率华侨慰问团访问延安

国民政府的经费和国内外进步人士的捐助这两项数额巨大，成为陕甘宁边区财政收入的重要组成部分。据统计，1937 年外援金额占年财政收入的 77.20%，1938 年外援金额占年财政收入的 51.69%，1939 年外援金额占年财政收入的 85.79%，1940 年外援金额占年财政收入的 70.50%。反观边区本身收入，不仅量少，而且项目单一。如 1940 年，边区本身的收入主要依靠营业税和羊子税，但因营业税征

收困难，改为寒衣代金，全年只收427 705.29元，而羊子税原是征收羊毛为军队解决冬衣问题，收入也只有3 402 817.59元。可见，外援作为边区财政收入的主体部分，是边区财政正常运行的基础。正是由于有稳定的收入，陕甘宁边区“争取外援，休养民力”的财政方针才得以实行。

为了休养民力，恢复与发展农业经济，陕甘宁边区实行了一系列农业政策，主要有劳动互助和调剂劳力，奖励开垦荒地、增产粮食，推广植棉，发展林业、畜牧业和副业生产。边区规定：老户或移民、难民开公荒者，其土地所有权为开垦者所有，3年免收公粮、不承担其他义务；凡开垦私荒者，依照地权条例，3年免交地租；开荒无耕牛、农具种子或缺粮者，政府予以农贷帮助；植棉者3年不纳公粮，同时发放植棉贷款和优良棉种，奖励植棉劳动英雄；除对原有森林严加保护外，发动群众开展植树造林活动，尤其是植桑养蚕业要得到恢复和发展；奖励牲畜繁殖，严禁宰杀母畜，不准母畜外卖，改良畜种，推广种植牧草，改进饲养管理，防治瘟疫。提倡发展民间运输业、手工业和家庭养殖业等。鉴于边区农民“不患无地可耕，而患无力去耕”的情况，边区政府推出农业贷款，主要是发放耕牛贷款、青苗贷款和植棉贷款。耕牛贷款主要用于解决移民、难民、贫雇农耕种无畜力的问题；青苗贷款主要用于解决贫苦农户在青黄不接时生产和生活上的困难，以打击高利贷剥削；植棉贷款主要用于奖励自耕农扩大棉田，增产棉花。

工业方面，边区政府成立前，当地只有几十个为红军服务的小厂，业务主要是修械、印刷与缝制被服，工人共有270余人。边区政府成立后，开始注意公营工厂的创办。1938年3月，为了统一指挥和设计公营工业建设的重点——军需工业，边区政府设立了军事工业局，管理兵工厂、边区机械厂、石油厂和修理厂等，委任滕代远为局长，李强为副局长。此外，为了加紧培养工人和管理干部，边区政府除了加强神府纺织学校的建设工作外，又在延安设立一所工业学校。1939 年五一国际劳动节和 1940 年 1 月，边区政府先后举办了第一届、第二届工业展览会，表扬了先进人物，交流了开拓工业生产的经验，激发了大家创办工业的热情。毛泽东出席了这两届展览会，并都作了讲话。中共中央给第一届展览会的贺词是“劳动创造一切”。到 1940 年，边区公营工业各方面都有了很大发展。据统计，此时厂社已增至 33 个，职工达到 1 000 人；年产土布 1 470 匹，产量与 1939 年相比增长了 1 050%；主要的工业有延长石油厂、难民纺织厂、制药厂、新华化学厂、兴华制革厂、农具厂等。

边区手工业合作社的建立与发展大体经历了两个阶段：1937 年秋到 1938 年年底为初创时期，1939 年至 1941 年是初步发展时期。1939 年 10 月，边区合作社第一次代表大会通过了大会决议和合作社联合社章程，要求发展生产合作社，以生产合作社的办法，组织广大群众的劳力与资金，普遍地发展手工业，求得战时工业品自给自足；并对现有的生产合作社加强管理，提高其生产技术和管理办法，使之增加产量，改善产品质量。1940 年 1 月，边区建设厅发布了《生产合作社组织办法纲要》（以下简称《纲要》），指明了组织生产合作社的目的和各类生产合作社的组织办法。《纲要》提出纺织生产合作社以乡为单位，每乡组织一社。凡住同一乡的妇女，只要会纺纱或愿意纺纱、织布的，都动员参加纺织生产合作社，依自然村编成小组，每组选 1 名组长。对于打盐、挖药、制粉、挖煤、造粉笔、榨油、烧瓷等生产合作社，则不限定以行政区域为单位，要按社员及出产原料地分布情况灵活处理。各生产合作社社员以能参加该项生产劳动或有该项原料之出产为资格。无上述条件而诚心合作的人亦可以认股入社。通过一系列的制度鼓励和措施推动，这一时期生产合作社实现了迅猛发展。

在边区，除了发展公营工业和合作社工业外，还鼓励发展私人资本主义工业，欢迎外地资本家来此开办实业。并采取了以下措施：废止过去工农民主政府时代的劳动保护法；取消对资本家、富农经营的生产事业的各种限制；严禁高利贷剥削，严禁操纵市价、垄断与投机；实行中介制度，在政府中介之下，劳资双方订立劳动契约，根据不同的生活条件，酌量增加工资，减少工作时间，改进工人生活待遇。在这些政策的鼓励引导下，边区本地的地主将大量资金转向工业，私营工业逐渐恢复。1939 年，边区有私营纺织工厂 6 家，学徒 154 人，织机 52 架，年产大布 3 690 匹。在延安、安定、延川、延长，有私人煤矿 20 多处，可供以上地区的 1/3 群众烧用。在定边、盐池，有私人盐池五六处，盐产量颇丰，除供边区食用外，还运销陕、甘、宁数省区，解决了大后方食盐的危机。民营纸厂有 39 户、工徒 98 人、池子 38 个。私营工业中略具规模的有米脂万合毛纺厂、米脂民生纸厂、白家沟织绸厂等。

3 民主的抗日根据地

毛泽东曾讲道："边区是一个什么性质的地方呢？一句话说完，是一个民主的抗日根据地。在这个制度之下，无论哪一种职业的人，无论从事什么活动，都能发挥他们的天才，有什么才干的人都可以表现出来。"那么，这个"民主的抗日根据地"是如何建设出来的呢？

1937 年 2 月 10 日，中共中央在致电国民党五届三中全会时提出"在特区政府区域内，实施普选的彻底民主制度"。5 月 12 日，西北办事处通过了《陕甘宁边区选举条例》，在选举资格方面规定："凡居住陕甘宁边区区域的人民，在选举之日，年满 16 岁的，无男女、宗教、民族、财产、文化的区别，都有选举权和被选举权。"但"有卖国行为经法庭判决者"，以及"经法庭判决有罪剥夺公权期限未满者"等人，没有选举权和被选举权。这个选举条例奠定了边区抗日民主的选举制度。

1937年7月，乡级选举开始，大致经历了宣传发动、审查选民资格并张榜公布、检查政府工作、提出候选人名单、正式投票选举等几个步骤。9月至11月进行区、县两级选举。11月底，各县、市共产党的委员会陆续提出特区代表大会代表候选人名单，并进行广泛宣传。中国共产党陕甘宁特区委员会在1937年11月29日的《新中华报》上以半版的篇幅向特区人民介绍林伯渠的革命事略，推荐林伯渠为特区政府主席的候选人。12月，选举工作顺利完成。

陕甘宁边区的民主选举

在选举过程中，针对边区广大农民文化水平普遍不高的现实，共产党人还和农民群众一起，想出了许多世界选举历史上闻所未闻的选举办法，如画圈法、画杠法、画点法、投豆法、烧洞法、投纸团法、背箱子和多胳膊等。这是最生动、最鲜活、最朴素、最感人的民主选举。作为1944年访问延安的中外记者团中的一员，《新民报》特派员赵超构写下了十万多字的长篇新闻通讯《延安一月》。周恩来称这本书为“中国记者写的《西行漫记》”。书中写道：

> 因为农民不识字的居多，所以用种种通俗的办法代替写票，有的地方叫选举做“烧香窟窿”，那就是用香在被选人的名字上烧一个窟窿；有些地方的习惯，候选人各有一个木箱，选举人在他所要选举的人的箱子里投一颗黑豆，也就算选举；有些地方，则由一个人背一只箱子，巡回到选民家里去请他们投票，这叫作背箱。乡参议员的选举，因为都是本地人，知道得较清楚，所以并不复杂；县级以上，尤其是边区参议会的选举，那就不是一般选民所尽能运用的了。有什么办法可以保证 8 000 个乡下农民能够保持主观的判断，选举一个不相识的参议员呢？事实上，边区参议会除了选举之外，还有不少聘任的参议员，甚至还有日本籍的参议员，它自己也并不拘泥什么形式。

正是由于选举前精细的准备工作以及灵活多样的选举方式的激励，边区民众参与选举的热情很高。据不完全统计，1937 年，边区进行第一届参议会选举时，参加投票的选民占到选民总数的 70%以上，部分地区达到 80%。1939 年 12 月，延安解放出版社出版《陕甘宁边区实录》一书，毛泽东为其题词：“边区是民主的抗日根据地，是实施三民主义最彻底的地方。”

1940 年年初，延安县中区五乡在突击完成征粮工作的过程中，为了达到改进工作的目的与创造征粮工作的方式方法，由乡政府提出用民选方式组织征粮委员会，全乡共选出 27 名委员，其中共产党员只有 9 人。这些非中国共产党人士工作积极认真，在群众中进行广泛宣传、解释和动员，组织粮食入仓。这样，这个乡原定征粮计划不仅提前完成，而且超额完成。对于这一新鲜经验，毛泽东极其重视，批

示指出："共产党员只有与多数非党人员在一道，真正实行民主的'三三制'，才能使革命工作做好，也才能使党的生活活跃起来，如果由党员包办一切，则工作一定做不好，党员也会硬化不进步。"

3月6日，毛泽东在《抗日根据地的政权问题》的党内指示中，对"三三制"政策的性质作出了精辟论述："在抗日时期，我们所建立的政权的性质，是民族统一战线的。这种政权，是一切赞成抗日又赞成民主的人们的政权，是几个革命阶级联合起来对于汉奸和反动派的民主专政。""根据抗日民族统一战线政权的原则，在人员分配上，应规定为共产党员占三分之一，非党的左派进步分子占三分之一，不左不右的中间派占三分之一。"指示还强调，在政权建设上，必须保证共产党员在政权中占领导地位，但目前更严重的是忽视争取中等资产阶级和开明绅士的"左"的倾向。3月11日，毛泽东在《目前抗日统一战线中的策略问题》中进一步论述了"三三制"政权建设：共产党员代表无产阶级和贫农；左派进步分子代表小资产阶级；中间分子及其他分子代表中等资产阶级和开明绅士。只有汉奸和反共分子才没有资格参加这种政权。

1940年11月，边区第二次民主选举即"三三制"选举拉开帷幕。为开展边区第二届参议会的选举，《陕甘宁边区施政纲领》起草委员会于1941年1月成立，依据"三三制"政权的精神，起草施政纲领。5月1日，中共中央批准了边区中央局起草、毛泽东审阅并重新改写的《陕甘宁边区施政纲领》（以下简称《纲领》），又称"五一施政纲领"。在人权保障政策方面，《纲领》指出"保证一切抗日人民（地主、资本家、农民、工人等）的人权、政权、财权及言论、出版、集会、结社、信仰、居住、迁徙之自由权"。这个施政纲领是边区实行民主政治和其他方针政策的最根本、最重要的依据和准则。它不仅对陕甘宁边区及其他抗日根据地的建设有重要的领导意义，而且为争取全国的民主和进步树立了一面光辉的旗帜。林伯渠称它是一个“放射出夺目的光芒”“有着伟大历史意义”的纲领。

1941 年 11 月 6 日至 21 日，边区第二届参议会第一次大会于延安新建的参议会大礼堂召开，陕北著名的开明士绅李鼎铭被选举为副议长。

李鼎铭原名丰功，1881 年生于米脂桃镇桃花峁。出身农家，幼年受教于舅父杜良奎（杜聿明之父）家中，遍读经史，兼及医学经典著作，擅长地理、数学、天文、气象，曾自造地理仪、天文盘，计算日食及月食。因学有所长，闻名乡里。1903 年，赴绥德应试，考为廪生。1913 年，利用临水寺开办一所国民小学，兼任校长。后又在桃镇创办了国民高等小学，担任校长。李鼎铭先生从事教育事业十余年，并开办医馆，治病救人，群众颇多赞誉。他在被选为副议长后，就如何克服边区财政经济困难问题，与其他十人联合提出“精兵简政”的提案，被列为大会总提案的第 81 条。精兵简政提案全文如下：

> 提案：政府应彻底计划经济，实行精兵简政主义，避免入不敷出，经济紊乱之现象案。
>
> 理由：军事政治之建立，必须以经济力量为基础，在今日人民困苦，资源薄弱之状况下，欲求不因经济枯竭而限制军政发展，亦不因军政发展而伤害经济命脉，惟有政府彻底计划经济，实行精兵简政主义，量入为出，制定预算，以求得相依相助，平衡发展之效果。

办法：一、政府应根据客观物质条件及主观经济需要而提出计划经济，以求全面提高生产力，改善经济条件，加强经济基础。

二、在现有经济基础上，政府应有量入为出的统一经济计划。

三、在财政经济力量范围内和不妨碍抗战力量条件下，对于军事实行精兵主义加强战斗力，以兵皆能战，战必能胜为原则，避免老弱残废滥竽充数等现象。对于政府应实行简政主义，充实政府机构，以人少事精，胜任职责为原则，避免机关庞大，冗员充塞，浪费人力、财力等现象。

四、规定供给条例，避免不必要的供给与消耗。

五、提倡节约、廉洁作风，避免不应有的浪费现象。

李鼎铭等人的这个提案，引发了边区参议会的激烈争论。有的议员说："正值抗日救国紧急关头，敌人以大量兵力向我们进攻，这时提出精兵简政，不是叫我们束手就擒吗?"甚至有人怀疑这个提案动机不良。但大多数议员认为这个提案切中了边区的要害问题，因此以165票（出席大会的议员有209人）的绝大多数通过，并决议"交政府速办"。

11月8日、9日，边区政府主席林伯渠作政府工作报告，之后各厅处长和八路军后方留守兵团主任萧劲光，就边区政治、军事、经济和文化建设事业作了补充报告。经讨论，11月17日，大会通过《关于政府工作报告的总决议》。同日，大会正式通过了"五一施政纲领"为边区施政纲领的决议，大会还通过了《陕甘宁边区保障人权财权条例》《陕甘宁边区县政府组织暂行条例》等。20日，大会进行了选举，林伯渠当选为边区政府主席，李鼎铭为副主席。21日，大会选举边区参议会常驻议员，因为李鼎铭已当选为边区政府副主席，大会另选边区参议会副议长，安文钦当选。22 日，边区政府主席、副主席和政府委员宣誓就职。12 月 3 日，边区政府发出《陕甘宁边区政府关于本政府正副主席、委员就职视事的训令》。1942 年 1 月 1 日，边区政府正式发布公告，颁布《陕甘宁边区施政纲领》。

林伯渠（右）与李鼎铭（左）的合影

4 在人民群众中建立司法基础

全面抗战爆发后，边区政府根据抗战时期的特点和边区的具体情况，参照国民党政府司法制度和中华苏维埃政权时期的司法制度，于 1937 年 7 月 12 日成立了边区高等法院。1940 年 5 月 10 日，陕甘宁边区政府和高等法院在给各县司法处的指示信中作出了关于“在人民群众中建立司法基础”的重大决定，这标志着边区的司法工作朝着相信和依靠人民群众的方向逐渐转变。

陕甘宁边区高等法院旧址

边区高等法院在中共中央的领导下，创建了影响深远的马锡五审判方式，审理了黄克功枪杀刘茜案、肖玉璧贪腐案等轰动一时的案件，在人民群众中建立起了坚实的司法基础。

这一时期涌现出的马锡五审判方式，是指马锡五任陕甘宁边区高等法院陇东分庭庭长时创造的一种将群众路线的工作方针运用于司法审判工作的审判方式。它有四个特点：一是法官全面调查证据，发现案件事实真相；二是发动和依靠群众，以调解为主，司法干部与群众共同断案；三是坚持原则，依法办事，廉洁公正；四是实行巡回审理、田头开庭等简便利民的诉讼程序。1943 年马锡五主审的“封捧儿婚姻案”，是这一审判方式的典型体现，后被边区文艺工作者编写成鼓词《刘巧儿团圆》和剧本《刘巧儿告状》，在群众中广为流传。马锡五审判方式为广大老百姓所推崇，在边区政权所辖范围内得到普遍推广，并在相当长的时间内影响着我国民事诉讼程序的构建。

黄克功枪杀刘茜案，在当时被称为“黄克功事件”。黄克功 16 岁参加红军，参加过井冈山的反“围剿”和二万五千里长征，在二渡赤水、夺取娄山关的战斗中立过大功，曾任团政委和旅长，在中国人民抗日军事政治大学（以下简称“抗大”）学习后留校任第六队队长。他年轻而又功勋卓著，颇受人们瞩目。刘茜是山西定襄人，初在太原求学，1936 年 8 月来到延安，进抗大学习，遂与队长黄克功相识，被黄克功追求，后确定恋爱关系。然而因两人的各自经历、性格、爱好多有不同，矛盾纠葛日益增多。刘茜对黄克功的感情日渐淡漠，黄克功对此怒不可遏。1937 年 10 月 5 日傍晚，黄克功把刘茜约到延河边，要求与刘茜公开宣布结婚。刘茜不从，并提出终止恋爱关系，黄克功拔枪恫吓，刘茜毫不屈服。黄克功失去理智，不顾一切地下了毒手。“黄克功事件”发生后，延安各界舆论出现了两种倾向，一种是要求严惩，另一种是认为可以让其戴罪立功。黄克功也给毛泽东写信，要求减刑，去抗日前线杀敌赎罪。在国统区，国民党的喉舌《中央日报》则将其作为“桃色事件”大肆渲染，攻击和污蔑边区政府“封建割据”“无法无天”“蹂躏人权”。

负责侦查此案的是抗大训练部部长刘亚楼。案发后，侦查人员迅速勘验了现场，询问了黄克功的同事、警卫员、哨兵和刘茜的同学等人。刘亚楼还亲自提审黄克功，黄克功对枪杀刘茜这一事实供认不讳。时任抗大教育长并主持抗大工作的罗瑞卿在黄克功被关押后和其进行了谈话，向他讲明党的纪律和边区政府的法令。罗瑞卿没有因为私人感情而袒护黄克功，把案情原原本本报告给了毛泽东。在讨论黄克功案件时，罗瑞卿说，任何人都要服从法律，什么功劳、地位都不能阻挡依法制裁。黄克功敢于随便开枪打人，原因之一就是因为他自恃对革命有功，没把法律放在眼里，我们不惩办他，不是也没把法律放在应有的位置上吗？

1937 年 10 月 10 日，即黄克功枪杀刘茜后第 5 天，毛泽东亲笔给雷经天回信：

你的及黄克功的信均收阅。黄克功过去斗争历史是光荣的，今天处以极刑，我及党中央的同志都是为之惋惜的。但他犯了不容赦免的大罪，以一个共产党员红军干部而有如此卑鄙的，残忍的，失掉党的立场的，失掉革命立场的，失掉人的立场的行为，如为赦免，便无以教育党，无以教育红军，无以教育革命者，并无以教育做一个普通的人。因此中央与军委便不得不根据他的罪恶行为，根据党与红军的纪律，处他以极刑。正因为黄克功不同于一个普通人，正因为他是一个多年的共产党员，是一个多年的红军，所以不能不这样办。共产党与红军，对于自己的党员与红军成员不能不执行比较一般平民更加严格的纪律。当此国家危急革命紧张之时，黄克功卑鄙无耻残忍自私至如此程度，他之处死，是他的自己行为决定的。一切共产党员，一切红军指战员，一切革命分子，都要以黄克功为前车之戒。请你在公审会上，当着黄克功及到会群众，除宣布法庭判决外，并宣布我这封信。对刘茜同志之家属，应给以安慰与抚恤。

10 月 11 日，陕甘宁边区高等法院在陕北公学操场开庭公审黄克功案，审判长为雷经天，陪审员为李培南、周一明、王惠子、沈新发，抗大政治部副主任胡耀邦、边区保安处黄佐超、高等法院检察官徐时奎出任公诉人。胡耀邦作为首席检察官宣读了公诉书，公诉书首先指出，黄克功身为革命军人，自以为对革命有功，自私自利，因逼婚不成，杀死 16 岁的革命青年刘茜，丧失了共产党员的革命立场。公诉书详细陈述了黄克功枪杀刘茜的经过和经过检察机关侦查所获取的证据、证言，并指出：“黄克功身为共产党员、抗大干部，不顾革命利益，危害国家法令，损害共产党红军的政治影响，实质上无异帮助了日本汉奸，破坏革命。”最后，胡耀邦代表检察机关向法庭提出了对本案的量刑建议：鉴于黄克功目无纲纪，杀害革命青年刘茜，“应严肃革命的纪律，处以死刑，特提向法庭公判”。在公审黄克功的大会上，雷经天宣读了毛泽东的亲笔信。黄克功案的刑事判决书对“黄克功实行逼婚不遂杀害人命一罪立判处死刑”作出理由分析：一是蓄意杀害刘茜；二是适逢国难当头，破坏革命纪律，破坏革命团结，无异帮助了敌人，属“汉奸的行为”；三是刘茜 16 岁，尚未达到边区规定的结婚年龄，“要求与未到婚龄的幼女”结婚，已属违法；四是男女婚姻应完全出于自愿，“决不能强制干涉刘茜的行为，更不能借口刘茜滥找爱人成为枪杀的原因”；五是杀人后制造假证据，捏造反证，初尚狡赖，推卸责任，“足以证明黄克功预谋杀人的计划及对于革命的不忠实”。经审理，黄克功被处以死刑。案件的处理充分表明了中国共产党从严治党、从严治官的信心和决心，突出反映了中国共产党“不允许任何人有丝毫的特权”“法律面前人人平等”的法律思想，从而有效地促进了革命根据地和新中国法制建设的发展。

1937 年 10 月 14 日，《新中华报》发表文章《高等法院日前公审黄克功枪杀刘茜案》，报道指出：“黄克功这种卑鄙行为，是一个革命军人所不容许的，这种为着个人恋爱，抛弃了过去艰苦斗争光荣历史，不顾目前抗日救国的重大任务，破坏红军纪律，违犯革命政府的法令，以最残忍手段，枪杀革命同志，这是革命队伍中的败类，凡每

高等法院日前

公審黃克功槍殺劉茜案

羣衆要求槍决嚴肅革命紀律

本報特訊：邊區最高法院，十一日組織公審黃克功槍殺劉茜案。審訊結果，黃克功自已承認，因爲劉茜拒絕他的求婚要求，而實行強迫，終於不遂而以手槍擊殺劉茜。這是蘇區中從來所未曾見過。黃克功這種卑鄙行爲，是一個革命軍人所不容許的。這種爲着個人戀愛，拋棄了過去艱苦鬥爭光榮歷史，不顧目前抗日救國的重大任務，破壞紅軍紀律，違犯革命政府的法令，以最殘忍手段，槍殺革命同志，這是革命隊伍中的敗類，凡每一個到會的同志，無不咬牙切齒，痛斥這種行爲是殘無人道的，一致要求法庭實行槍決，以嚴肅革命紀綱，法院爲執行羣衆要求與法律起見，特於公審大會將黃克功執行槍決。

《新中华报》 1937 年 10 月 11 日的相关报道

一个到会的同志，无不咬牙切齿，痛斥这种行为是惨无人道的，一致要求法庭实行枪决，以严肃革命纪纲，法院为执行群众要求与法律起见，特于公审大会将黄克功执行枪决。”

作为模范的抗日根据地，陕甘宁边区以法护廉，逐步完善惩治腐败的法规条例。1935 年 12 月初，西北办事处在瓦窑堡公布了 1933 年 12 月 15 日下发的《关于惩治贪污浪费行为》的训令，其中规定：凡贪污公款在 500 元以上，处以死刑；300 元以上 500 元以下者，处以 2 年以上 5 年以下监禁；100 元以下者，处半年以下的强迫劳动。边区政府成立后，把反对贪污、杜绝浪费、保证政府工作人员的清正廉洁当作一件大事来抓。1938 年 8 月 15 日，边区政府发布《陕甘宁边区政府惩治贪污暂行条例》，规定有下列行为之一者，以贪污论罪：克扣或截留应行发给或缴纳之财物者；买卖公用物品从中舞弊者；盗窃侵吞公有财物者；强占强征或强募财物者；意在图利贩运违禁或漏税物品者；擅移公款作为私人营利者；违法收募税捐者；伪造或虚报收支账目者；勒索敲诈，收受贿赂者；为私人利益而浪费公有之财物者。其数目之多少，及发生影响之大小，依下列之规定惩治之：贪污数目在

500 元以上者，处死刑或 5 年以上之有期徒刑；贪污数目在 300 元以上 500 元以下者，处 3 年以上 5 年以下之有期徒刑；贪污数目在 100 元以上 300 元以下者，处 1 年以上至 3 年以下有期徒刑；贪污数目在 100 元以下者，处 1 年以下有期徒刑或苦役，上述罪犯还应追缴其贪污所得之财物。1939 年 4 月，陕甘宁边区政府根据经济社会发展情况、纸币实际购买能力颁布新的惩治贪污条例，明确“共产党员有犯法者从重治罪”，党龄、地位、功劳、职务都不能成为他们赦罪、开脱的借口。

但就在这样的历史背景下，边区发生了具有极大影响的肖玉璧案。1940 年初秋的一天，毛泽东到医院看望住院的干部和战士，他看见长征过来的老战士肖玉璧病得皮包骨头，很是心痛，当场决定把自己的每天半斤牛奶的取奶证送给肖玉璧，还嘱咐医生每天清早到中央机关管理处取奶。肖玉璧恢复健康出院以后，上级安排他到清涧县张家畔税务所当主任。肖玉璧打过很多仗，仅身上留下的伤疤就有 90 多处，可谓战功赫赫。他认为，自己当个小小的主任是大材小用，对此极为不满。不久，肖玉璧就开始贪污受贿，同时利用职权，私下做生意，甚至把根据地奇缺的食油、面粉卖给国民党军队，影响极坏。案发后，边区政府依法判处他死刑。他不服，向毛泽东求情，毛泽东则完全支持陕甘宁边区高等法院的决定。最终肖玉璧被依法执行了枪决。1942 年 1 月 5 日，边区《解放日报》专门就此发表评论，评论指出：

肖玉璧判处死刑了，因为他贪污，开小差，为升官发财以至叛变了革命；虽然他还当过一些不小的“官”——区主席，贸易局副局长，税务分局长等等。

据说，边区近两年来，贪污案件占总案件百分之五还要强，反贪污的斗争是非常要紧的！

今年，是边区更发展的一年，但也是更困难的一年；在和困难搏斗中，定会有千万个英雄挺身出现；但，却也难免不有“肖玉璧”式的“小丑”，贪污腐化、怕困难、开小差，或者竟走向叛变之路?!

我们要严重的注意！注意每一个反贪污的斗争，抓紧揭发每一个贪污事件，我们一定要做到：在“廉洁政治”的地面上，不容许有一个“肖玉璧”式的莠草生长！有了，就拔掉它！

1943 年 4 月 25 日，陕甘宁边区政府颁布了《陕甘宁边区各级政府干部奖惩暂行条例（草案）》，把“怠工渎职”“贪赃枉法，腐化堕落，假公济私，包庇蒙蔽”“侵犯群众利益，致妨害工作进行或政府威信”作为惩戒的主要内容。边区政府还专门成立了惩戒委员会，制定了《边区公务员惩戒委员会组织条例（草案）》，具体办理惩戒事宜。对一些腐化变质的党员干部，不论其出身如何、党龄多长、职务多高、贡献多大，一律严惩不贷。5 月 8 日，边区政府颁布《陕甘宁边区政务人员公约》，规定政务人员要“公正廉洁，奉公守法”。并加以注释：“这是我们政务人员应有的品格，要在品行道德上成为模范，为民表率。要知法守法，不滥用职权，不假公济私，不要私情，不贪污，不受贿，不赌博，不腐化，不堕落。”在持久开展司法建设后，毛泽东在《团结一切抗日力量，反对反共顽固派》的讲演中指出，陕甘宁边区是全国最进步的地方，是民主的抗日根据地，这里“十个没有”：“一没有贪官污吏，二没有土豪劣绅，三没有赌博，四没有娼妓，五没有小老婆，六没有叫化子，七没有结党营私之徒，八没有萎靡不振之气，九没有人吃摩擦饭，十没有人发国难财。”

5　成为社会教育的大学校

陕甘宁边区所在地，在旧社会经济文化十分落后，地主阶级对农民的残酷剥削和压迫，使分散的落后的农村经济长期处于停滞状态，社会分工和商品生产都很不发达，基本上是自给自足的自然经济。而在文化教育上，知识分子缺乏，文盲率高达99%；在分散的农村，很难找到一所学校，穷人子弟入学无门；文化设施缺乏，人民十分缺乏文化生活；卫生条件极差，缺医少药，人畜死亡率很高，婴儿死亡率达60%，成人死亡率达3%；全区巫婆、神汉多达2 000余人，招摇撞骗，为害甚烈。人民不仅备受封建经济的压迫，而且吃尽了不识字、迷信、生活不卫生的苦头。陕甘宁边区政府成立后，“大批基本群众由于政治上翻了身，已开始急切要求在文化上翻身”。

在中国共产党的领导之下，陕甘宁边区的小学教育得到了空前的发展。1938年8月，陕甘宁边区教育厅制定公布了《陕甘宁边区小学法》，规定边区小学教育的宗旨是

“依照国防教育方针及实施方法以发展儿童的身心，培养他们的民族意识及抗战建国所必需的基本知识技能”。1941年2月修正公布的《陕甘宁边区小学教育实施纲要》，将边区小学教育的宗旨进一步规定为“依新民主主义教育方针以促进儿童的民族觉悟，养成儿童的民主作风，启发儿童的科学思想，发展儿童的审美观念，提高儿童的劳动兴趣，锻炼儿童的健壮体格，增进儿童生活所必需的知识，培养儿童为大众服务的精神”，对儿童进行德智体美劳的全面培养。

边区小学修业年限为5年，前3年为初级小学，后2年为高级小学。1940年，绥德地区归属边区后，当地小学仍实行6年制，即初小4年，高小2年。边区小学的课程，在1938年以前没有统一的规定。1938年年初，边区教育厅在《抗战时期小学应该注意的几个工作》的通告中指出，边区小学的课程重心应有所转移。首先是应该注意到统一战线和抗战政治的教育，使学生对抗战的形势和抗战工作有简单的了解。此外，还有防空、防毒、反奸等。4月，边区第一届三科科长会议决议提出建立统一的课程。规定初级小学的课程为国语、算术、常识、劳作、体育、唱歌、图画7门。高级小学的课程为国语、算术、自然、史地、政治、体育、唱歌、图画8门。8月，边区公布的《陕甘宁边区小学规程》中规定“小学课程以政治军事为中心”，课程的设置力求适合抗战建国的实际需要，使学生一离开学校就可以很好地为抗战服务，胜任必要的工作。关于教学和训导工作，1941年修正公布的《陕甘宁边区小学规程》中对小学教学和训导工作作出了明确规定：“小学教学，应以启发式为主，以讲说讨论为辅。”“小学生活指导以培植民主精神、锻炼集体生活为中心。”“小学生活指导应以民主集中制及自觉纪律为最高原则。”“小学管理绝对禁止体罚。”

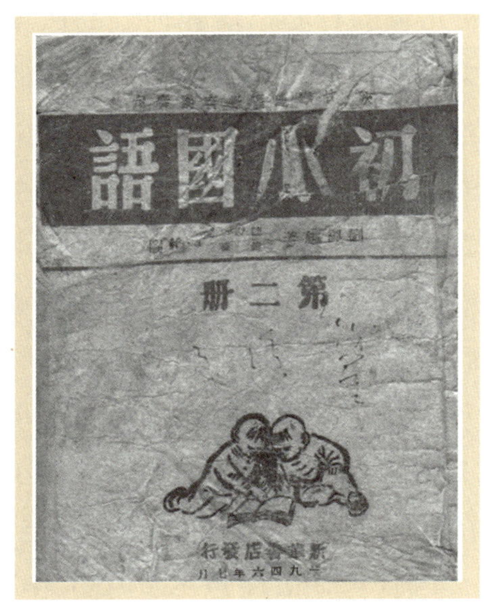

1946 年新华书店发行的初小国语教材

有了正确的办学方针、政策，边区小学教育迅速发展。1937 年，边区的小学数量为 320 所，在校学生数为 2 000 人；1938 年，边区的小学数量为 773 所，在校学生数为 16 725 人；1939 年，边区的小学数量为 882 所，在校学生数为 22 516 人；1940 年，边区的小学数量为 1 342 所，在校学生数为 41 230 人。

陕甘宁边区的中学是在 1937 年边区政府成立后陆续建立和发展起来的。主要有边区中学、延安中学、陇东中学、公立米脂中学、三边公学、子长中学。边区的中学的主要教学方法，是既坚持课堂教学又注重社会实践和生产实践。除课堂外，还利用课外时间和假期从事社会活动。如配合政府中心工作，组织工作团或秧歌队进行各种宣传，或者直接参与反奸、拥军、征粮、查哨、慰劳军队、优待抗属、检查春耕等活动，或帮助政府做记录、写报告、填表册，帮助乡村干部宣传政策法令，开展卫生运动及帮助群众进行社会教育，组织群众的生产，等等。参与社会实践，不仅使学生加深了对基本知识的理解，而且锻炼了他们的实际工作能力。坚持教育与生产劳动相结合，既减少了经济与财政支出，减轻了人民负担，又培养了学生的劳动观念，使学生获取实际知识和技能，在德、智、体等方面得到全面发展。

创建于 1938 年 8 月的边区中学，其救国、报国之志，在校歌中得以淋漓尽致地体现：

> 边区的青年们，携起手来，携起手来！
> 我们健壮地成长在抗战的大时代，
> 我们团结、紧张、勇敢、活泼地携起手来！
> 我们学习、学习，
> 为了解放半殖民地半封建的祖国！
> 为了建设自由幸福的新世界！
> 边区的青年们，携起手来，携起手来，携起手来！

这个时期，陕甘宁边区的社会教育得以真正实施，也开创了一个全新的局面。1937 年起草的《关于群众的文化教育建设草案》中规定“实施民族解放和民主政治为民众教育的中心内容”。主要对象是不能脱离生产的文盲、半文盲和文化程度很低、识字不多的农村基层干部。社会教育的基本内容有：文字教育，给文盲和半文盲获取知识的工具，使群众具有起码的读、写、算能力；政治教育，提高群众的政治水平，给群众以民族意识和参与抗战的能力，动员群众参加救国实际行动；自然科学教育，使群众懂得防空、防毒、救护常识及生产、生活的一般科学知识；娱乐活动，开展群众性的唱歌、演戏、闹秧歌等文艺活动，使劳动者缓解疲劳，在娱乐中施以政治、科学教育。社会教育的组织形式，根据《陕甘宁边区各县社会教育组织暂行条例》规定，主要有识字组、冬学、夜校、半日校、午校、民众教育馆等，其中识字组和冬学是最主要的两种形式。社会教育形式多样，目的在于贴近群众，贴近生活。

年画是中国画的一种，始于古代的“门神画”，旧时人们过年将驱鬼的钟馗或古代名将秦琼、尉迟恭的形象刻绘印刷出来贴在门上，以祛灾避邪、保一家平安。延安时期，中国共产党尊重这一民俗，并对这一民俗进行了符合革命需求的、内含马克思主义思想的改造，使之成为社会教育的形式之一。

力群的木刻版画《延安鲁艺校景》

1938年年初，鲁艺教员江丰和沃渣最初试做木刻年画，刻成《五谷丰登》和《保卫家乡》两幅，并用彩色油墨各自套印40份，以供鲁艺春节宣传队发给农家张贴之用。1939年冬，鲁艺第二期的胡一川、彦涵、罗工柳、杨筠等人组成的鲁艺木刻工作团在太行山抗日根据地开展宣传工作，在听了朱德“笔杆赶不上枪杆”和“笔杆必须赶得上枪杆”的讲话，看了日寇利用民间形式制作的宣传品“神判”（判官图）之后，决心采用民间传统的年画形式进行宣传。他们创作出来的作品有胡一川的《军民合作》、彦涵的《春耕大吉》和《保卫家乡》、罗工柳的《积极养鸡、增加生产》、杨筠的《纺织图》等。取得良好成果的鲁艺木刻工作团得到了彭德怀的写信表扬：“这次你们的勇敢尝试，可以说是已经得到了初步的成功。许多艺术工作者口喊着大众化，实际上是没有真正做到。而你们倒已向这方面走进一步了。”1940 年春节，朱德在八路军总部召开文艺座谈会，八路军野战政治部副主任兼宣传部部长陆定一发表了题为《艺术工作的方向》的长篇讲话，讲话中提到：“鲁艺木刻工作团，在年画得到重大收获后，正在准备出版木刻画报，及木刻彩色连环画。这是非常好的，我们一定全力帮助。”会后，木刻工场建立。1942 年，大批木刻工作者开始在延安创作年画，他们利用新年画来配合当时的各种政治任务，在社会教育方面取得实效。据曾在陕甘宁边区文协美术工作委员会工作过的刘岘回忆，为满足群众的需要，边区文协也印过几种木刻年画，如《自己动手，丰衣足食》《保卫边区》《养娃娃讲卫生》等，他们用木刻印成黑白画，然后再添加颜色，并把这些年画和《边区群众报》一起销售，反响很好。

彦涵的木刻版画《小先生》

延安时期，新年画的主要特点有以下几个。第一，在内容上以歌颂为主。年画本来是农民为了来年生活红火和吉利而张贴的，所以适宜于描绘能够引起愉快感情的生活、可纪念的英雄、胜利的斗争故事等，忌讳的是可憎的事物、悲剧的场面。有鉴于此，新年画的主题是歌颂革命事业，歌颂八路军、新四军英勇杀敌的丰功伟绩，歌颂解放区人民的生产建设、拥军支前、民主生活和土改斗争。如 1944 年的年画《大战平型关》就得到了广大群众的认可。第二，在技术上充分运用民间形式，力求在形象、色彩、艺术呈现方式等方面适合广大群众的欣赏习惯，从而利于普通民众领会学习新民主主义政府的方针政策。第三，在印刷上避免浮华，降低成本，照顾群众的购买力，避免售价过高。第四，在发行上充分利用旧年画的发行网，诸如香烟店、小书摊、货郎担子等，同时利用新的发行渠道，如与边区的报纸杂志一起发行。

中华人民共和国成立后不久的 1949 年 11 月 26 日，文化部在《关于开展新年画工作的指示》中指出："年画是中国民间艺术中最流行的形式之一。在封建统治下，年画曾经是封建思想的传播工具。自一九四二年毛主席在延安文艺座谈会讲话号召文艺工作者利用旧文化形式从事文艺普及运动以后，各老解放区的美术工作者改造旧年画用以传播人民民主思想的工作已获得相当成绩。新年画已被证明是人民所喜爱的富于教育意义的艺术形式之一。"这既是对新年画历史的简要介绍，也是对新年画的高度评价。

自己动手，丰衣足食

历史进入 1940—1941 年，由于国民党停发经费和对边区进行经济封锁、侵华日军进攻河防和对延安的轰炸等诸多原因，陕甘宁边区出现了空前的财政危机，对此，毛泽东曾形象地描述道："我们曾经弄到几乎没有衣穿，没有油吃，没有纸，没有菜，战士没有鞋袜，工作人员在冬天没有被盖。"毛泽东讲道：要么饿死，要么解散，要么自己动手丰衣足食。这次财政困难，导致了中共中央在边区面临严重危机，促使大生产运动、减租减息、精兵简政等一系列重大而影响深远的政策的实施并全面推进。对于大生产运动的伟大历史意义，《解放日报》社论指出："一九四二及四三两年开始的带普遍性的整风运动与生产运动，曾经起了与正在起着这样的重大意义，就是说，这是两个环子，如果不拿起它们，我们的革命车子就不能推向前进。"

1 吃饭是第一个问题

抗日战争相持阶段到来后，在日本帝国主义“军事打击为辅，政治诱降为主”战略的影响下，国民党从1939年开始，先后发起了三次反共高潮。第一次反共高潮被打退后，国民党深感依靠军事摩擦和搞内部颠覆的办法“根除‘赤祸’”“消灭边区”已不可能，于是从1940年起，便对边区采取严密包围封锁的政策。9月，国民党就一度停发抗日经费，到11月全部停发了应给八路军的抗日经费。11月13日，周恩来致电毛泽东等人：“何应钦内定在中共未接受条件以前，停止给我军发十一月份经费。十一月份欠发的廿万元，请李克农速交涉领出。”收到电报后，中共中央高度重视，立即开始交涉，但没有结果。12月8日，《新中华报》发表了题为《抗议停发八路军经费》的社论。1941年1月皖南事变发生后，国民政府彻底停发了八路军经费。

此外，国民党在皖南事变后，在边区周围屯驻50万军队，建筑了10 000多个碉堡，对边区进行严格的经济封锁，除了玻璃、毛巾、袜子之外，诸如棉花、铁、布匹等必需品禁止进入边区，“特别是食粮限制万分严厉”。这种封锁也阻截了国内外进步人士给边区捐助款物的通道。1942年年底，毛泽东在西北局高干会上指出：“国民党用停发经费和经济封锁来对待我们，企图把我们困死，我们的困难真是大极了。”

延安南门坡安澜门（1938年）

而侵华日军进攻河防和对延安的轰炸，又使得刚刚发展起来的延安经济遭到沉重打击。进入相持阶段后，日军兵力、财力不足的困难更加突出，为推行其“以战养战”的方针，更加强调以共产党为打击重点的策略，推行所谓军事、政治、经济、文化和特务相结合的“总力战”，向各解放区进行反复的“扫荡”，企图摧毁解放区军民的生存条件。

1937年年底，日军占领山西后，在北起大同，南至风陵渡的同蒲路沿线部署了大量兵力，从东面威胁陕甘宁边区的安全。从1938年春至1942年，日军先后对边区留守兵团驻守的黄河河防进攻23次之多，每次使用兵力少则2 000余人，多则2万余人。日军对河防的进攻，严重威胁到边区人民的生命安全。如1940年6月，日军用大炮射击河西，边区神府沙峁头、柳林滩一带受到了损失：在柳林滩驻扎的第一二〇师第二支队被大炮轰击，罗峪口民房大部分被烧毁。

从1938年开始，日军开始轰炸以延安为中心的边区，边区经济、商业遭到严重破坏。1938年11月20日、21日两天，日机对延安进行了多次轰炸，投弹159枚，炸死炸伤军民152人，炸毁房屋380间，抗大校舍被毁。边区政府主席林伯渠特致行政院孔祥熙院长急电："惟边区向属疾苦，属府力有未逮，敢祈俯府予赞助。"毛泽东与中共中央也被迫从延安城内的凤凰山麓迁至延安城外的杨家岭。12月12日，7架日机轰炸延安，投弹40余枚，炸毁民房100余间。同日，7架日机首次轰炸延长。12月14日，7架日机再次轰炸延安，投弹四五十枚。1939年3月10日，14架日机轰炸延安，投弹70余枚，6人死亡，4人受伤，8匹牲口被炸死，7间房屋被炸毁。9月8日，日机轰炸延安43架次，投弹200余枚，炸死炸伤58人，延安城内房屋150间被毁。10月15日，71架次日机分4批轮番轰炸，延安城内的房屋大部被毁。1941年8月27日，15架日机轰炸延长，投弹30余枚，居民死伤数十人。

1946 年 3 月 10 日，《解放日报》刊文《日寇轰炸延安市损失》指出：

> 轰炸次数：十七次（投弹一六九〇枚）；伤亡人数：伤一八四人，死二一四人。毁建筑物：公共房产一一七六间，过街戏楼十座，牌楼十座，石洞五座。民房一四、四五二间。另有基督教礼拜堂一座、房室九四间，天主教房屋七五间。毁粮食：三四五、〇〇〇斤。死牲畜一九七头。此外尚有其他损失，总计合边洋二、八二一、二六〇、〇〇〇元。

被轰炸后的延安一角

在受到轰炸后，延安城内军民进行了大规模疏散，刚刚繁荣兴盛起来的商业迅速衰落下去。1939 年 3 月，边区政府“为救济商民并便利人民交易起见”，决定筹设新市场。

同时，边区自然灾害频发，从1939年至1941年，边区连续发生严重灾荒，尤其是1940年的大灾害，让刚刚恢复起来的边区农业经济受到沉重打击。除了普遍的雹灾、旱灾、水灾之外，1940年，延安全境及环县、淳耀、延川、延长、安定的一些地区，还发生过瘟疫，仅盘龙一个区便有500余人因此丧生；安塞、甘泉、延长等县还发生过牛羊瘟。1940年，边区受灾人数多达63.911万人，这对于仅有150万人口的边区来说，无疑是一个巨大的数字。

严重的自然灾害，导致刚刚恢复起来的边区农村经济再次破产，人民生活困难。在三边分区，入夏以来已属青黄不接之季，七区的“人民都没吃的，现在吃黄蒿、榆树钱及榆树叶，牲口吃白草根，已有二十七家搬走”，九区“现在十家有八九家没粮吃，部分群众面孔极行憔悴，有十数日不见米面者，饿得两腿发酸，眼发黑”。在陇东分区，出现大量居民偷偷搬家逃荒的现象，卖牲口也极为普遍，灾区人民普遍没有粮食，出高利息借粮者甚多，能找到的食物多是白蒿、红根、榆钱子、榆树皮、苦菜、苜蓿、油渣、麦麸子之类，“环县还没有苜蓿吃”。在绥德分区，佳县“全县以草根度命之人占十分之六七，哀鸿遍野，郊有饿殍，凄惨之状，触目伤心”。

面对如此困境，1940年9月26日，林伯渠、萧劲光致中央赈委会电，指出“边区去今两年遍遭水旱冰雹各灾，尤以入秋以来，阴雨连绵，灾情更形严重，收成难期，除前电呈外，兹初步调查统计：旱灾十一县，灾民约六十万，水及冰雹灾，达二十一县，被水淹毙者，二十四人，牲畜二四二九头，田地被冲二〇四二九一亩，房屋被毁二〇三间，树木被毁二六〇〇株。此种巨大损失，据老农云：为近百年来所未有，哀鸿遍野，嗷嗷待哺”。

此时，边区留守部队、外来青年知识分子等非生产人员也在增加，已远远超过了非生产人员的合理比例。1938 年 4 月，中央军委将陕甘宁边区保安司令部及所辖地方部队统归留守兵团指挥，留守兵团总兵力从开始的 9 000 余人发展到 1.5 万余人。1939 年 10 月到 1940 年 4 月，随着河防压力的增大和国民党第一次反共高潮的发生，三五九旅第七一九团、雁北支队、第四支队先后由晋西北回守陕甘宁边区。到 1940 年年底，留守部队总兵力共计 3.1 万余人。留守部队人数的直线上升，无疑使得给养需求迅速增加。

此外，随着中共中央知识分子政策的调整及抗日民族统一战线的建立，中共中央所在地延安成为全国抗战的政治指导中心，成为知识分子心目中民主的革命圣地。1943 年 12 月，任弼时在中央书记处工作会议的发言中指出，抗战后到延安的知识分子总共有 4 万余人。这些来到延安的知识分子，部分直接进入陕甘宁边区的党政军民学机关工作，部分进入干部学校学习，毕业后重新安排。延安干部学校毕业的学生去向大致有四个方面：敌后、陕甘宁边区、大后方和海外。其中，留在边区的占很大比例。这些在校学习或者毕业之后在陕甘宁边区工作的知识分子，多不直接从事物质生产，这给陕甘宁边区财政带来了一定的压力。

据统计，1939 年年底，边区脱产人员已增加到 4.968 6 万人，

1940 年增加为 6.114 4 万人，1941 年则高达 7.311 7 万人，占到边区总人口的 5.37%。此外，1940 年边区有马匹 4 974 匹，1941 年有马匹驴骡 8 120 匹，如每一牲口合二人消费计算，则 1941 年脱离生产人数超过总人口的 7.29%。在经济发展落后、人民财富有限的农村建立起来的革命根据地，脱产人员的高比例无疑是不恰当的。

上述诸多原因，虽然影响大小不一，但在其合力作用下，1940—1941 年，陕甘宁边区爆发了严重的财政经济危机，对此，毛泽东称“吃饭是第一个问题”。

2 为改善物质生活而斗争

面对蔓延的财政经济危机，1939 年 1 月，毛泽东在陕甘宁边区第一届参议会上讲话时提出“发展生产，自力更生”的倡议，号召边区人民群众和部队、机关、学校全体人员开展必要的生产。2 月，中共中央在延安召开生产动员大会，面对“饿死呢？解散呢？还是自己动手呢”的问题，毛泽东代表中共中央坚定地回答，我们是确信我们能够解决经济困难的，我们对于在这方面的一切问题的回答就是“自己动手”四个字。11 月，中共陕甘宁边区第二次代表大会总结了全面抗战以来边区经济工作的经验，通过了《关于继续发展边区经济改善人民生活的决议》，号召边区人民“继续发展边区经济，使边区全体人民足衣足食，使边区能在抗战建国的艰苦过程中奠定克服困难与自给自足的基础”。

为了保证大生产运动的顺利开展，中共中央和毛泽东从当时的实际情况出发，提出一系列指导大生产运动的方

针和政策。毛泽东先后发表《抗日时期的经济问题和财政问题》《开展根据地的减租、生产和拥政爱民运动》《组织起来》等文章，提出了“自力更生、生产自给”“发展经济、保障供给”等财政经济工作的总方针。中共中央还提出“公私兼顾”“军民兼顾”的政策，以处理好公私、军民关系；提出把农业放在第一位的原则，以处理好工农商间的关系；提出统一领导、分散经营的原则，以处理好上下级之间的关系；提出劳力和武力相结合的原则，以处理好作战与生产的关系；提出发展生产、厉行节约的原则，以处理好生产与消费、开源与节流之间的关系；等等。这些方针、政策和原则，对于大生产运动的深入开展及时起到了指导作用。

反映大生产运动的秧歌剧《兄妹开荒》在延安街头演出时的情景

机关、学校、部队的生产运动，是边区大生产运动的重要组成部分，是在中共中央直接关怀下进行的。大生产运动一开始，毛泽东就号召机关、学校“一面工作，一面学习，一面生产”。张闻天要求每个共产党员做“劳动的先锋”。机关、学校、部队从事生产，是一个伟大的革命，打破了大家轻视体力劳动的传统观念，使人们深刻体验到“劳工神圣”的真理。

延安开展大生产运动的誓师大会现场

在大生产运动中，中央领导人身先示范、参与生产，起到了良好的模范带头作用。毛泽东虽然工作非常繁忙，但大生产运动开始后，他依然带头开荒生产，缴纳公粮，亲自示范解决“吃”的问题。他在杨家岭窑洞对面的山沟里开垦了一块长方形的田地，种上蔬菜，一有空就去浇水、拔草。毛泽东身边的工作人员认为主席工作太过辛苦，便提出要为他代耕。对此，毛泽东予以拒绝，坚持亲自参加劳动。毛泽东在枣园居住期间也是如此。据中央机要科译电员熊云回忆，在枣园期间，机要科的同志们见毛泽东工作忙，休息时间很少，很担心他累坏了身体。趁主席到地头去的当儿，他们几个机要员一合计，就抢着跑到主席面前，提出帮他挖地。主席却摆手示意不让他们帮助，并说："你们挖的地，不算我的劳动，亲手干才算自己的劳动。"就这样，毛泽东用了几个下午的时间，亲手挖了一大块地，并在地上浇了水，上了肥，种上了西红柿、辣椒等蔬菜。

在大生产运动中，有些干部虽然也参加生产劳动，但由于思想上还没有转变过来，认为劳动"可耻"，轻视体力劳动，不愿意干脏活、重活、累活。中共中央组织部在生产中遇到的一个突出问题是肥料不足，部长陈云、副部长李富春就带头到处收集肥料，受到大家的赞扬。陈云对一些不愿挑大粪、嫌大粪脏的人说："大粪是香的，能培养出新鲜的蔬菜瓜果，不是会变成香的吗?"通过示范引领，广大干部深刻认识到劳动光荣的道理，这让广大干部与群众密切地联系在了一起。

在大生产运动中，也涌现出张思德这样的好榜样。张思德，1915 年 4 月出生在四川省仪陇县一户贫苦的佃农家里，不满周岁时失去了母亲，父亲远走他乡不知所终，靠叔父、叔母抚养长大。12 岁时就给地主放牛、割草。1933 年 8 月，红四方面军解放了仪陇县，年底，张思德参加了红军。

张思德来到陕北后，于 1937 年 10 月入党。1938 年调到中央军委警卫营通讯班当班长，工作中兢兢业业，吃苦耐劳，认真负责，完成任务准确无误。1940 年，为解决中央机关冬季取暖问题，张思德带领一班人到延安以南的土黄沟的深山老林中烧木炭。苦战了三个月，终于把八万斤炭运到了延安。1941 年，张思德随警卫营到三五九旅所在的南泥湾开荒，克服生活上的许多困难，完成了上级交给的生产任务。1942 年冬，他从南泥湾调回延安。不久，根据精兵简政政策，部队合并整编，干部精简下派，一些连排干部要去当班长，多数班长、副班长要当战士，对此，他毫无怨言，服从革命的需要，不计较个人的名利得失，能上能下。

张思德（左）和战友一起烧木炭

1943 年年初，张思德因个子大、身体好被调到中央警备团工作，在毛主席身边当警卫战士。1944 年夏，中央办公厅抽调有烧木炭经验的人去安塞县石峡峪烧木炭。9 月 5 日，天下着雨，张思德带着突击队的战友们照常进山赶挖新窑，中午时分，炭窑在雨中发生崩塌，危急时刻，张思德一把将战士小白推出窑口，自己却被埋在土里，牺牲时年仅 29 岁。9 月 8 日，中央直属机关和中央警备团 1 000 多人在枣园后沟的操场举行张思德追悼会。

在追悼会上，毛泽东献了花圈，亲笔题写“向为人民利益而牺牲的张思德同志致敬”的挽词，并发表悼念讲话，即《为人民服务》。毛泽东讲：“我们的共产党和共产党所领导的八路军、新四军，是革命的队伍。我们这个队伍完全是为着解放人民的，是彻底地为人民的利益工作的。张思德同志就是我们这个队伍中的一个同志。”9 月 21 日，《解放日报》第二版刊登警备团通讯《纪念为人民利益而牺牲的张思德同志》，文章指出：“张思德同志为人民利益而牺牲的精神，在每一个战士、事务人员及干部的身上存在着。”1945 年 4 月，毛泽东在党的七大上作了《论联合政府》的报告，其中对为人民服务作了进一步的发展，即指出党及党领导下的军队的唯一宗旨是全心全意地为人民服务。

3　从来未有的奇迹

生产的发展与精兵简政的实施，大大减少了人力、物力、财力的支出与浪费，收到了明显的节约与减轻民负的效果。在救国公粮征收方面，1942 年，精兵简政开始，脱产人员略有减少，但仍有 7 万余人，为了提高农民生产积极性，边区进一步减少公粮数目，1942 年征收的公粮较 1941 年减少约四分之一。1943 年，边区生产大发展，在储粮备荒与准备反攻力量的方针下，征收公粮有所上调。1944 年虽是边区脱产人员最多的一年，但征收公粮反较 1943 年减少。

在运盐方面，1942 年之后，陕甘宁边区的农民运盐负担大大减轻。1942 年运盐 12 万驮，1943 年为 10 万驮，1944 年为 8.5 万驮，呈逐年下降趋势，所用人力负担不断减少。

在代耕方面，1942 年 6 月，边区政府颁布了《关于优待代耕工作的指示信》，动员边区所有的劳力都担负代耕义务，“凡居住边区境内人民，年在四十五岁以下十六岁以上的壮年男子，除脱离生产为抗战服务者外，一切人民，均得按政府的规定，担负代耕任务”。这样，代耕的覆盖范围增大，人均代耕负担量减轻。

此外，精兵简政的大力推行，大大地节约了财政支出，节省了民力。边区政府于 1942 年 1 月颁布了《战时动员壮丁与牲口条例》，规定除特殊情况下，“凡年二十六岁至四十五岁之男子，每月均有为公服役三天之义务，由政府按年统筹使用”“凡能供驮运之牲口，每月有为公服役三天之义务，由政府按年统筹使用”。结果是，1942 年全边区动员民力（包括运送伤员及军需用品、帮工等）共计 306 372 工，按全边区劳动力平均，一人仅为 0.9 工；1943 年，共计 227 422 工，平均一人仅为 0.6 工。牲畜动员方面，1942 年，全边区能运输牲口平均一头为 0.83 工，1943 年为 0.5 工。

边区原来的工业只有清朝时开办的一个延长油矿，经过大生产运动，到 1944 年已办起了 11 个造纸厂、2 个肥皂厂、12 个被服厂、8 个工具厂、4 个印刷厂、3 个陶瓷厂、23 个纺织厂等 77 个公营工厂，职工达 12 000 多人。在公有工业发展的同时，私营工业也迅速发展。比如私营纺织厂，1938 年时只有 5 家，年产布 1 260 匹；1943 年时则发展到 50 家，年产布 1.2 万匹。私营造纸厂 1941 年时有 40 家，工人 108 人，年产纸张 1 295 令；1942 年时发展到 48 家，工人 139 人，年产纸张 1 865 令。另外，私营煤炭和盐业等也都有相当的发展。由于公私工业的发展，至 1943 年，边区的棉纱、布、铁、纸及其他很多日用品做到了基本自给。

工农业生产的发展带来了商业的繁荣与市场的活跃。边区政府先后成立了光华商店、盐业公司、南昌公司、土产公司、永昌公司等，主要组织土产输出，换取必需品输入，以保证对军民的供应，稳定边区物价和货币。同时，公营商业、合作商业与私人商业组成了遍布城乡的商业网点，方便了军民的生产与生活。全面抗战开始前，延安只有店铺 123 家，1943 年即发展到 473 家。位于延安城南关的新市场，成为繁荣的商业中心，被时人称为“延安的列宁格勒”。各种性质和组织形式的运输队的成立，公路、马车路的修筑与管理，客店、骡马店的开设，大大地促进了经济的繁荣。总之，大生产运动的开展，使农业、工业、商业相互推动，共同发展，城乡经济呈现出欣欣向荣的景象。

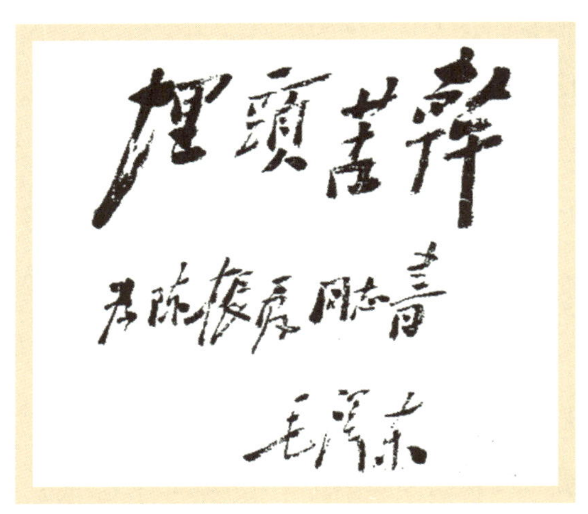

1944 年，毛泽东为边区特等劳动模范、延长石油厂厂长陈振夏的题词“埋头苦干”

1942 年，毛泽东对 1938 年以来陕甘宁边区生产运动的情况和经验进行了系统的总结。他说：“这是中国历史上从来未有的奇迹。”

1946 年元宵节，川口乡农民给毛泽东送来的“人民救星”牌匾

1943 年 1 月 14 日，在西北局高干会议闭幕式上，西北局给领导边区大生产卓有功绩的三五九旅、延安县委县政府、延安南区合作社及王震、马文瑞等 22 名劳动英雄隆重奖励。3 个单位和 22 名受奖同志姓名及主要成绩，均在大会上宣布，由边区政府主席林伯渠授奖。团体奖品为西北局赠送的红绸旗，个人奖品为毛毯，除此之外还有毛泽东亲笔题词的奖状：

给三五九旅的题词是“发展经济的先锋”。

给延安县委、县政府的题词是“发展经济的模范”。

给延安南区合作社的题词是“模范的合作社”。

给王震的题词是“有创造精神”。

给三五九旅供给部部长何维忠的题词是“切实朴素，大公无私”。

给三五九旅第七一七团政委晏福生的题词是“坚决执行屯田政策”。

给三五九旅供给部政委罗章的题词是“以身作则”。

给清涧县县长黄静波的题词是“坚决执行党的路线”。

给延安县委书记王丕年、县长刘秉温的题词都是“善于领导群众”。

给靖边县委书记惠中权的题词是“实事求是，不尚空谈”。

给延安县南区合作社主任刘建章的题词是“合作社的模范”。

给保安司令部司令王世泰的题词是“忠实，努力，不夸不躁”。

给保安司令部供给部部长杨林的题词是“坚决执行党的政策”。

给西北局秘书长范子文的题词是“机关生产的模范”。

给延安县四科科长胡起林的题词是“无限忠心”。

给陇东地委书记马文瑞的题词是“密切联系群众”。

给陇东专署专员马锡五的题词是“一刻也不脱离群众”。

给三八五旅旅长王维舟的题词是“忠心耿耿，为国为党”。

给华池县县长李丕福的题词是“面向群众”。

给关中分区地委书记兼专员习仲勋的题词是“党的利益第一位”。

给警一旅旅长文年生的题词是“生产教育，两者兼顾”。

给赤水县委书记任成玉的题词是“为群众谋福利”。

给三边司令员贺晋年的题词是“艰苦奋斗，不屈不挠”。

给三边专员罗成德的题词是“不怕困难”。

到1945年，陕甘宁边区农民大部分做到“耕三余一”，农民所交公粮占总收获量比重逐年下降。从1943年起，敌后各根据地的机关一般能自给两三个月甚至半年的粮食和蔬菜，人民负担也只占总收入的14％左右，按当时的生活水平，实现了“自己动手，丰衣足食”的要求。

4 陕北的好江南

1940 年 5 月，朱德总司令从抗日前线回到延安后，除参与指挥对日作战外，还抽出时间指导边区经济建设。面对边区出现的经济困难，1940 年由秋至冬，朱德多次到延安周边的南泥湾等地实地勘察。由于南泥湾水质较差，朱德专门取走当地的水样和土样送重庆周恩来处，请他找人化验。化验结果表明，南泥湾的地下水没有问题，地面水中有毒系枯叶败草长期腐烂所致，只要用挖池渗漏的办法把毒物滤掉，再投以适量化学药品消毒，就可以饮用。与此同时，在陕甘宁边区政府建设厅工作的农林生物学专家乐天宇调查了南泥湾、槐树庄、金盆湾一带的植物资源和自然条件，并收集重要植物标本 2 000 余件，撰写了《陕甘宁边区森林考察报告》。朱德派军委行政处处长邓洁会见乐天宇，专门了解南泥湾的详细情况。随后，朱德在乐天宇陪同下三次视察南泥湾，更加坚定了开垦南泥湾的决心。之后，他将考察情况向毛泽东作了汇报，并提议由王震旅长率领三五九旅屯垦南泥湾。

1941年1月1日，陕甘宁边区政府主席林伯渠、副主席高自立、民政厅厅长刘景范和副厅长李景林联名签发了编号为“持字第三九〇号”的陕甘宁边区政府训令。训令指出，“查延安固临间之滥泥洼松树林一带，业经本府划定为第一移民垦荒区，并由八路军在该地区创设新中国大农场”。3月，三五九旅奉命由绥德警备区开赴南泥湾。

南泥湾位于延安东南50余千米处，纵横100余千米，是延安的南大门，面对着日军和国民党军的夹击和包围，军事地位十分重要。在清同治年间，南泥湾原是一个人口稠密、经济繁荣的富饶之地，但由于战乱，这里变成了一个荒凉的地方，人烟稀少，整个南泥湾只有住在深山老林里的四五户人家，荆棘横生，野兽群游，居民没有房子住，没有粮食和菜吃，工具、种子、耕畜奇缺，生活、生产条件十分艰苦。当时的南泥湾流传有这样的俗语：

南泥湾啊烂泥湾，
荒山臭水黑泥潭。
方圆百里山连山，
只见梢林不见天。
狼豹黄羊山鸡窜，
一片荒凉少人烟。

三五九旅指战员以不怕任何困难的英雄气概，喊出“一把锄头一支枪，生产自给保卫党中央”的口号，从旅长到战士、炊事员、勤杂人员，无一例外地参加生产，开荒种地。没房住，就露宿山谷野林中；没粮食，就去背粮、运盐；没衣穿，夏天光膀子，冬天烧篝火取暖；没工具，到处收集破铜烂铁，自己打制。万人的军队，牺牲了上千人，但全旅上下同心，艰苦奋战，当年经费自给率便达到了78.5%，超额完成垦荒生产计划。

向荒山秃岭开战

在南泥湾开垦中，三五九旅战士充分表现出了革命乐观主义精神，面对困难不屈不挠，勇于克服，创造奇迹。时任三五九旅排长的郝树才力大如牛，每天开荒的面积是其他人的好几倍。当地有农民不服气，提出用牛和他比赛。比赛从早上八点开始，牛耕了两个来回了，郝树才还在地头一旁抽旱烟，现场好多人起哄，这时，郝树才才不急不忙地站起来，他拿起大锄头，上下挥舞，慢慢地真赶上了耕牛。后来，郝树才被边区政府授予“特等劳动英雄”称号，出席劳动英雄大会，受到毛泽东、朱德等中央领导的接见。

经过连续几年的生产运动，三五九旅各项经济活动都取得了显著成绩。农业达到了“耕二余一”的要求，每人一猪一羊，十人一牛，不仅自给有余，还向边区政府上缴了大批粮油。此外，还开办了各种工厂和作坊，大力发展纺织、缝纫、造纸、肥皂等产业；开办商店、供销合作社，组织骡马运输队，搞活了交通，保证了边区军民日用品的供给，缓解了根据地财政困难。

三五九旅南泥湾大生产开创了中国军事历史的崭新一页，他们的屯田业绩和成功经验，引起了中共中央和国内外媒体的高度关注，人们纷至沓来，参观这个闻名遐迩的“陕北江南”。1942 年 4 月 15 日至 20 日，正是春暖花开的季节，朱德、贺龙在王震陪同下来到南泥湾视察，检阅了第七一七团，并给干部作了报告。同年 7 月 10 日，朱德在与徐特立、谢觉哉、吴玉章、续范亭四老去南泥湾时，写下有名的《游南泥湾》一诗，其中写道“熏风拂面来，有似江南好”，从此南泥湾以“陕北的好江南”闻名。吴玉章也当即写了《和朱总司令游南泥湾》这首五言诗，对南泥湾大生产的背景、开展过程，以及取得的成效进行了全面描述。

南泥湾的稻田

1942年12月，延安《解放日报》发表《积极推行“南泥湾政策”!》的社论，指出“经过披荆斩棘，耕耘种植，今天的南泥湾，已成了‘陕北江南’”。1943年春节，延安鲁艺的秧歌队来到南泥湾，向三五九旅的英雄们献上新编的秧歌舞《挑花篮》，《南泥湾》是其中的插曲。这首贺敬之作词、马可作曲，曲调优美、欢快动人、脍炙人口的《南泥湾》，唱出了三五九旅屯垦南泥湾、又战斗又生产的模范风采，歌颂了南泥湾精神这一不朽丰碑。此外，著名诗人萧三、艾青、何其芳，作家吴伯箫，音乐家贺绿汀，也相继用自己的笔，讴歌了南泥湾的业绩和精神。

1942年，延安电影团开始拍摄反映南泥湾大生产的电影《生产与战斗结合起来》。影片实地记录了南泥湾开发之前的一片荒芜，记录了三五九旅指战员以饱满的革命热情克服重重困难，开荒种地、挖窑洞、盖房子、养猪放羊、纺线织布、土法造纸，把南泥湾变成了“陕北江南”的真实情景。在电影即将拍摄完成时，摄影队长吴印咸到枣园请求毛泽东为电影题词，因窑洞内光线太暗，毛泽东就到窑洞外写了“自己动手，丰衣足食”八个大字，并签上自己的名字。后来，电影的解说词讲道，南泥湾精神就是“自力更生，艰苦奋斗，奋发图强”，这一精神随着电影放映得到了广泛宣传。影片的编辑、解说词的撰写者钱筱璋曾回忆道：

> 影片制成后，我参加放映队，带着仅有的一套影片拷贝，到边区各地给部队和群众放映，每到一地都是盛况空前。群众的热烈情绪，使我们忘记了长途跋涉的疲劳。影片放映中群众十分活跃的情绪，使我体会到：从领导到群众都如此强烈地欢迎这部影片绝不是偶然的，这是因为，影片所表现的内容与当时革命斗争

和人民的愿望是密切联系的，在思想感情上和他们是相通的，是能够给予他们鼓舞和力量的。群众亲切地称这部电影为《南泥湾》，而不称影片的原名。南泥湾原是地名，但在称呼这部影片时，所指的意思已经不是地名，而是概括地指这部影片的内涵，是宣传积极劳动、生产自给、改造大自然的革命的“南泥湾精神”。

1943年9月中旬，毛泽东在任弼时、彭德怀等中央领导同志陪同下到南泥湾视察，先后视察了金盆湾、九龙泉、马坊、桃宝峪等地，接见了三五九旅干部，听取了部队首长关于生产、布防和训练情况的汇报，并对三五九旅作出了许多重要指导。毛泽东在视察三五九旅旅部所在地金盆湾时指出：国民党要困死我们，饿死我们，它越困，你们越胖了；困难并不是不可征服的怪物，大家动手征服它，它就低头了。大家自力更生，吃的、穿的、用的都有了。目前我们没有外援，假定将来有了外援，也还是要以自力更生为主。从中不难看出，毛泽东认为南泥湾精神最大的特征就是艰苦奋斗，自力更生。在视察第七一九团驻地九龙泉时，毛泽东又指出：“胡宗南还在我们门口，随时准备侵犯边区。我们要一面战斗，一面生产。”11月29日，毛泽东在中共中央招待陕甘宁边区劳动英雄大会上作了《组织起来》的讲话，他指出：“我们用自己动手的方法，达到了丰衣足食的目的。”“只要我们全体英勇善战的八路军新四军，人人个个不但会打仗，会作群众工作，又会生产，我们就不怕任何困难，就会是孟夫子说过的：‘无敌于天下。’”毫无疑问，毛泽东的这些论述是对南泥湾精神的进一步阐释。

1943 年 9 月，毛泽东视察南泥湾

一场深刻的思想洗礼

1941年5月，毛泽东在延安干部会议上作《改造我们的学习》的报告，延安整风运动就此拉开帷幕，到1945年4月20日，党的六届七中全会通过《关于若干历史问题的决议》，延安整风运动到此结束。延安整风运动是中国共产党历史上第一次大规模的整风运动，是全党范围内一次普遍的马克思主义教育运动，是一场马克思主义的自我改造运动，是党的建设史上的伟大创举。延安整风运动解决了中国共产党土地革命战争时期遗留下来的“左”的和右的错误，纠正了党内的各种非无产阶级思想，纯洁了全面抗战以来党在发展壮大中出现的党性不纯问题，进一步巩固了遵义会议、党的六届六中全会以来毛泽东在全党范围内的领导核心地位，进而实现了全党的高度团结统一，为党的七大的召开奠定了坚实的基础。

1 使党变为一个共产主义的熔炉

1935 年 1 月，长征中的中共中央召开了遵义会议，会议挽救了党，挽救了红军，挽救了中国革命。但是，遵义会议解决的中心问题是怎样战胜川、滇、黔、蒋这些敌人的军队，“主要地是反对战争中的机会主义，把战争问题放在第一位”。因此，遵义会议也留下了“尾巴”，没有从思想政治的高度去肃清土地革命战争时期第三次“左”倾错误，“遵义会议以前党的领导机关所犯的主观主义宗派主义，这一错误虽在遵义会议以后在党的领导上纠正过来，可是它的流毒至今还残留于党的许多部门，许多干部，许多党员中间未能扫清，因之它妨碍着我党中央领导方针的贯彻，妨碍着全党干部与党员的提高和改造”。总之，遵义会议虽然变更了一条政治路线，但是“在思想上主观主义的遗毒仍然存在”。

1937 年 11 月 29 日，王明等人从莫斯科回到延安，毛泽东、张闻天、周恩来等中共中央领导纷纷冒着大雪到机场迎接。毛泽东以“饮水思源”为题致欢迎词：“欢迎从昆仑山上下来的‘神仙’，欢迎我们敬爱的国际朋友，欢迎从苏联回来的同志们。你们回到延安来是一件大喜事，这就叫作‘喜从天降’。”10 天后，中共中央政治局在延安召开会议，史称“十二月会议”，增选王明、陈云等为书记。但王明倚仗自己在共产国际的关系，凭借共产国际执委、书记处书记的身份，以“太上皇”“钦差大臣”自居，对毛泽东提出在抗日民族统一战线中应保持独立自主的观点发出指责，强调“在全国政权与军事力量上要承认国民党是领导的优势的力量”“今天的中心问题是一切为了抗日，一切经过抗日民族统一战线，一切服从抗日”“我们要拥护统一指挥”“红军的改编不仅名义改变，而且内容也改变了”“要使人家一到特区，便感觉特区是中华民国的组成部分”。受持有共产国际、苏联关系这个“尚方宝剑”的王明的言论影响，党内认识出现了混乱。

后来毛泽东曾谈道，“遵义会议以后，中央的领导路线是正确的，但中间也遭过波折。抗战初期，十二月会议就是一次波折”“十二月会议上有老实人受欺骗，作了自我批评，以为自己错了”。而王明则更加忘乎所以，独断专行，把自己凌驾于中共中央之上，在武汉领导长江局工作期间，不经中共中央同意就以中共中央的名义于 1937 年 12 月 25 日发表了《中国共产党对时局宣言》；1938 年 2 月 9 日，未经毛泽东的同意，就以毛泽东的个人名义发表对《新华日报》记者的公开谈话；1938 年 3 月 24 日，又擅自以中共中央的名义递交了《对国民党临时全国代表大会的提议》。1938 年 2 月 27 日至 3 月 1 日，中共中央根据王明的提议，在延安召开中共中央政治局会议，王明作了

《目前抗战形势与如何继续抗战和争取抗战胜利》的报告，对毛泽东的正确主张再次进行了批评。这期间，王明领导的长江局的位置极其重要，负责统一领导南方各省党的工作，加之王明个人组织性纪律性不强，自视甚高，因此“武汉长江局有点像第二个中央”。

面对王明在政治和理论上的进攻，毛泽东在理论上不断完善、系统阐述自己全面抗战以来的观点，于1938年5月写成了具有深远影响的《论持久战》，从战争规律的高度来认识把握抗日战争。1938年3月，中共中央政治局会议决定派任弼时为代表，赴莫斯科向共产国际交涉“军事、政治、经济、技术人才”等问题。经任弼时实事求是的汇报，1938年8月，中共中央驻共产国际代表王稼祥返回延安，并带回了共产国际执行委员会总书记季米特洛夫的口信。1938年9月14日至27日，中共中央召开政治局会议，在14日的会议上，首先由王稼祥传达共产国际的指示和共产国际执行委员会总书记季米特洛夫的意见：“中共一年来建立了抗日统一战线，尤其是朱、毛等领导了八路军执行了党的新政策，国际认为中共的政治路线是正确的，中共在复杂的环境及困难条件下真正运用了马列主义。”“在领导机关中要在毛泽东为首的领导下解决，领导机关中要有亲密团结的空气。”在随后召开的党的六届六中全会上，王稼祥再次传达了季米特洛夫的意见，“从此以后，我们党就进一步明确了毛泽东的领导地位，解决了党的统一领导问题”。

1938年9月29日至11月6日，党的六届六中全会在延安桥儿沟天主教堂召开。10月12日下午，毛泽东代表中共中央政治局作政治报告，题目是《抗日民族战争与抗日民族统一战线发展的新阶段》。

报告指出，在敌军占领武汉、广州后，必然会达到一个战略进攻的终点，抗日战争将过渡到一个新阶段——战略相持阶段。在抗日战争的新阶段中，抗日民族统一战线必须以一种新的姿态出现，这种新姿态就是统一战线的广大的发展与高度的巩固。国共两党要以长期合作支持长期战争，以至合作建国。报告还提出要加强党的思想建设，强调全党要普遍地深入地学习和研究马克思列宁主义同中国的具体特点相结合，反对教条主义。毛泽东的这个报告，以《论新阶段》为题，发表在1938年11月25日出版的《解放》第57期上。

党的六届六中全会会址——延安桥儿沟天主教堂

党的六届六中全会批准了以毛泽东为代表的中共中央政治局的路线，是王明影响走向式微的一个转折点。张闻天曾讲道："六中全会在毛泽东同志领导下，实质上推翻了王明路线。王明这时候碰了三个钉子（一个是蒋介石的钉子，一个是中央内部的钉子，一个是王稼祥从国际带来的钉子），所以气焰也小些了。"周恩来在后来也曾讲道：

"王明回来后，主持了长江局，蒙蔽了一批人，搞了第二次王明路线。第二次王明路线虽然时间不长，但对北方，对新四军，对上海，都有影响。"因此，毛泽东说"六中全会是决定中国之命运的"。

党的六届六中全会主席团合影

党的六届六中全会后，王明留在延安，担任中央统战部部长，"兼管南委、东委、党校委员会、妇女及女大等工作"，共产国际也进一步削弱了王明的影响。但王明负隅顽抗，"抵制毛主席的耐心领导，不承认他历次所犯的路线错误"。1940 年 3 月，王明把他在 1931 年写的集中反映他的"左"倾错误观点的《为中共更加布尔什维克化而斗争》一书，在延安印了第三版，如何正确看待党的历史上的路线是非问题更迫切地摆在了中共中央的面前。

此外，1935 年中央红军长征落脚陕北后，党员只有 3 万余人，要完成中国共产党的历史使命，壮大革命力量势在必行。1935 年 12 月 17 日至 25 日，中共中央政治局在瓦窑堡召开会议，25 日，会议通过了《中央关于目前政治形势与党的任务决议》，确立了抗日民族统一战线的策略方针。决议第六部分专门写了“为扩大与巩固共产党而斗争”一节，提出“为了完成中国共产党在伟大历史时期所担负的神圣任务，必须在组织上扩大与巩固党”，这就需要“数十万至数百万能战斗的党员”，才能率领中国革命走向彻底的胜利；中国共产党不仅是无产阶级的先锋队，也是中华民族的先锋队，因此“一切愿意为着共产党的主张而奋斗的人，不问他们的阶级出身如何，都可以加入共产党”，“应该使党变为一个共产主义的熔炉，把许多愿意为共产党主张而奋斗的新党员，锻炼成为有最高阶级觉悟的布尔什维克的战士”。一言以概之，中国共产党必须同党内发展组织中的关门主义倾向做斗争。1938 年 9 月，党员人数迅速发展到了 7 万人，同年年底，党员人数发展到了 50 多万人，许多原来没有党组织的地区也相继建立起了党的组织和领导机构。1940 年，党员人数发展到了 80 多万人。可以说，这个时候中国共产党已经成为全国性的政党，但是在思想上、政治上、组织上并没有完全巩固起来，一些人拖着或长或短的小资产阶级“尾巴”加入党内、军队内和政府里来。

皖南事变的发生是延安整风运动的直接起因。1940 年 10 月 19 日，何应钦、白崇禧以国民党政府军事委员会正、副参谋总长的名义，向朱德、彭德怀、叶挺发电，强令黄河以南的八路军、新四军于 1 个月内开赴黄河以北。为顾全抗日大局，1941 年 1 月 4 日，新四军军部所属部队 9 000 余人奉命北移，1 月 6 日行至皖南泾县茂林地区，突遭国民党第三战区顾祝同、上官云相指挥的 7 个师 8 万多人的拦击。8 日，新四军陷入重围，众指战员被迫抗击，血战 7 昼夜，终因众寡悬殊、弹尽粮绝，除约 2 000 人分散突围外，大部壮烈牺牲。军长叶挺在与顽军谈判时被扣押，政治部主任袁国平牺牲，副军长项英、参谋长周子昆突围后不幸被叛徒杀害。这就是震惊中外的皖南事变。

面对皖南事变的惨重损失，毛泽东从一些同志在土地革命战争时期犯“左”的错误、在抗日战争时期又犯右的错误的事实中进一步看到，“左”和右看起来是两个极端，实际上又是两极相通。“左”和右的思想根源，都是背离实事求是的主观主义。这是中国共产党发动延安整风运动的出发点，也决定了实事求是要贯穿整个延安整风运动的始终，成为延安整风运动的灵魂。

2 惩前毖后，治病救人

1941 年 5 月 19 日，毛泽东在延安干部会议上作了《改造我们的学习》的报告，号召全党反对主观主义，进一步将马克思列宁主义的普遍真理和中国革命的具体实践结合起来。毛泽东深刻而又不失诙谐地指出：

> 或作讲演，则甲乙丙丁、一二三四的一大串；或作文章，则夸夸其谈的一大篇。无实事求是之意，有哗众取宠之心。华而不实，脆而不坚……这种作风，拿了律己，则害了自己；拿了教人，则害了别人；拿了指导革命，则害了革命。总之，这种反科学的反马克思列宁主义的主观主义的方法，是共产党的大敌，是工人阶级的大敌，是人民的大敌，是民族的大敌，是党性不纯的一种表现。大敌当前，我们有打倒它的必

要。只有打倒了主观主义，马克思列宁主义的真理才会抬头，党性才会巩固，革命才会胜利。我们应当说，没有科学的态度，即没有马克思列宁主义的理论和实践统一的态度，就叫做没有党性，或叫做党性不完全。

毛泽东《改造我们的学习》的报告，实际上就是一篇宣言书，是一篇战斗檄文，是对主观主义的彻底反击，延安整风运动由此拉开了帷幕。

7月1日，中共中央作出《关于增强党性的决定》（以下简称《决定》）。《决定》指出：中国共产党经过二十年的革命锻炼，已经成为全国政治生活中的重要的决定的因素，然而放在我们面前的仍然是伟大而艰难的革命事业，这就要求我们的党更进一步地成为思想上、政治上、组织上完全巩固的布尔什维克的党，要求全党党员和党的各个组成部分都在统一意志、统一行动和统一纪律下面，团结起来，成为有组织的整体。

7月7日，中共中央发出《关于设立调查研究局的通知》。8月1日，中共中央发布了《关于调查研究的决定》《关于实施调查研究的决定》两个文件。前一个文件规定：

向各级在职干部与训练干部的学校，进行关于了解客观情况（敌、友、我三方）的教育。鼓励那些了解客观情况较多较好的同志，批评那些尚空谈不实际的同志；鼓励那些既了解情况又注意

> 政策的同志，批评那些既不了解情况又不注意政策的同志。使这种了解情况、注意政策的风气，与学习马列主义理论的风气密切联系起来。在学习中反对不管实际只记条文的风气，反对将学习马列主义原理原则与了解中国社会情况、解决中国革命问题互相脱节的恶劣现象。要提倡干部与学生看报，指导看报方法，指导他们分析时局的每一变动。要供给干部与学生关于国内外、省内外、县内外各种情况的实际材料，把讲授与研究这些材料及其结论当作正式课程，给予必要时间，并实行考绩。

对于调查研究，领导干部主动示范，积极参与。1941 年春，朱德去南泥湾察看并且决定安排三五九旅到南泥湾实行屯垦。9 月，西北局组织农村考察团到固临进行调查研究，并写出了《固临调查》一书。12 月，陕甘宁边区政府主席林伯渠，虽年已花甲，仍率领一支 20 多人的考察团，赴甘泉、富县进行调查研究。1942 年 1 月，张闻天率领农村调查团从延安出发，到陕甘宁边区的神府、绥德、米脂和晋西北的兴县进行了 15 个月的实地调查，查阅了大量文字材料，写出了调查报告《出发归来记》，指出

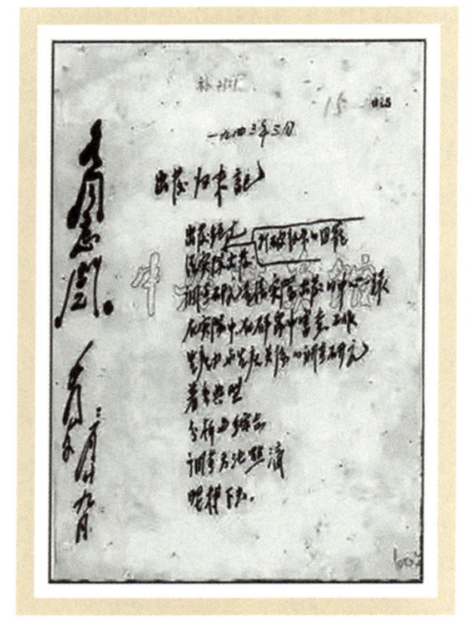

毛泽东对张闻天《出发归来记》的批示

学习马列主义“要从实际出发，要认识实际，其基本一环，就是对于这个实际的调查研究”。通过领导干部的示范作用，延安掀起了调查研究之风，干部学会了把马克思主义理论运用到革命实际中去，学会了用调查研究的方法来认识问题、分析问题和解决问题。

1942 年 2 月 1 日和 8 日，毛泽东先后在中央党校的开学典礼以及中共中央宣传部和中央出版局联合召开的宣传工作会议上作了《整顿党的作风》和《反对党八股》的报告，全面系统地提出了“反对主观主义以整顿学风，反对宗派主义以整顿党风，反对党八股以整顿文风”的任务，同时阐明了整风的宗旨和方针是“惩前毖后，治病救人”。毛泽东说，“我们反对主观主义、宗派主义、党八股，有两条宗旨是必须注意的：第一是‘惩前毖后’，第二是‘治病救人’。对以前的错误一定要揭发，不讲情面，要以科学的态度来分析批判过去的坏东西，以便使后来的工作慎重些，做得好些。这就是‘惩前毖后’的意思。但是我们揭发错误、批判缺点的目的，好像医生治病一样，完全是为了救人”。这两个报告实际上是发动全党整风的动员报告，标志着延安整风运动由准备时期转入普遍整风时期，由少数高级领导干部的学习发展为全党各级领导机关的干部和党员的学习，由以政治路线学习为主转变为以整顿思想方法和思想作风为主。

1942 年 4 月 3 日，中共中央宣传部发出《关于在延安讨论中央决定及毛泽东同志整顿三风报告的决定》（以下简称《决定》）。《决定》指出：“中央关于党性决定，调查研究决定及其他决定，最近毛泽东同志关于反主观主义、反宗派主义及反党八股的报告，是党在思想上的革命，是改正干部及党员思想、转变工作作风的锐利武器。为了使干部充分掌握中央决定与毛泽东同志报告的精神和实质，并在工作中运用这一武器，必须认识这是一个长时期的思想上教育与行动上实践的问题。”为此，《决定》进一步对整风运动的目的、要求、方法和步骤作出明确规定，从此，开始了以整顿三风为中心内容的全党整风阶段。《决定》中规定了整风学习的 18 个文件。4 月 16 日，中共中央宣传部在《关于增加整风学习材料及学习时间的通知》中又增加了 4 个整风学习文件。

“用马列主义的理论来武装我们的头脑”的整风运动

1942 年 4 月至 8 月初，重点是反对主观主义以整顿学风，这是延安整风的中心内容。整顿学风的学习，主要集中在无产阶级思想和非无产阶级思想的斗争上。5 月 2 日至 23 日，毛泽东主持召开了延安文艺座谈会。在普遍整风时期，延安共有 1 万多名干部参加整风学习。

1942 年 8 月至 12 月中旬，重点是反对宗派主义以整顿党风。学风学习着重端正思想方法，党风学习着重解决组织路线，以保证党的思想路线和政治路线得以贯彻执行。所以，在党风学习阶段，中共中央更强调反省自己，更强调学和用的统一。9 月 1 日，中共中央政治局通过《关于统一抗日根据地党的领导及调整各组织间关系的决定》，强调加强党的集中统一领导。

1942 年 12 月 18 日到 1943 年 3 月中旬，重点是反对党八股以整顿文风。12 月 18 日，中共中央总学习委员会发出《关于文风学习的通知》，延安整风运动转入文风学习阶段。各单位和参加整风的人检查了工作中的形式主义，检查了写文章、作决议、作报告的党八股作风。

1943 年 3 月 20 日至 10 月是总结学习阶段。1943 年 3 月 20 日，中共中央政治局会议通过《关于中央机构调整及精简的决定》，规定政治局与书记处的职责和人员构成。“在两次中央全会之间，中央政治局担负领导整个党工作的责任，有权决定一切重大问题。政治局推定毛泽东同志为主席”，书记处“是根据政治局所决定的方针处理日常工作的办事机关，在组织上服从政治局，但在政治局方针下有权处理和决定一切日常性质的问题”，书记处“重新决定由毛泽东、刘少奇、任弼时三同志组成之，泽东同志为主席”。同日，中共中央总学习委员会发出《关于整风学习总结计划》，要求各单位就自己的工作和整风学习进行总结，最迟 6 月底作出总结。到 1943 年 4 月 3 日，中共中央作出了关于继续开展整风运动的决定，整风时间再次延长。6 月 1 日，中共中央对党的历史上尤其是延安整风运动中的领导方法进行了经验总结，“在我党的一切实际工作中，凡属正确的领导，必须是从群众中来，到群众中去。这就是说，将群众的意见（分散的无系统的意见）集中起来（经过研究，化为集中的系统的意见），又到群众中去作宣传解释，化为群众的意见，使群众坚持下去，见之于行动，并在群众行动中考验这些意见是否正确”。《关于领导方法的若干问题》标志着在延安整风运动中中国共产党的群众路线在实践和理论上最终成熟起来。

10 月，中共中央决定高级干部进一步研究和讨论党的历史问题，延安整风运动由此转入新的阶段。这一阶段的主要任务是在整顿三风的基础上，对党的历史经验特别是党史上几次大的路线错误进行全面、系统的总结并得出结论。

1944 年 4 月 12 日，毛泽东代表中共中央在延安高级干部会议上作了《学习和时局》的讲演，详细地阐述了总结党的历史经验的方针：

> 应使干部对于党内历史问题在思想上完全弄清楚，同时对于历史上犯过错误的同志在作结论时应取宽大的方针，以便一方面，彻底了解我党历史经验，避免重犯错误；又一方面，能够团结一切同志，共同工作。我党历史上，曾经有过反对陈独秀错误路线和李立三错误路线的大斗争，这些斗争是完全应该的。但其方法有缺点：一方面，没有使干部在思想上彻底了解当时错误的原因、环境和改正此种错误的详细办法，以致后来又可能重犯同

类性质的错误；另一方面，太着重了个人的责任，未能团结更多的人共同工作。这两个缺点，我们应引为鉴戒。这次处理历史问题，不应着重于一些个别同志的责任方面，而应着重于当时环境的分析，当时错误的内容，当时错误的社会根源、历史根源和思想根源，实行惩前毖后、治病救人的方针，借以达到既要弄清思想又要团结同志这样两个目的。对于人的处理问题取慎重态度，既不含糊敷衍，又不损害同志，这是我们的党兴旺发达的标志之一。

在充分讨论和反复修改的基础上，1945 年 4 月 20 日，党的六届七中全会通过了《关于若干历史问题的决议》，系统总结了党在各个时期的经验教训，对党史上的若干重大问题作出结论，并且高度评价了毛泽东对马克思主义中国化的杰出贡献。至此，延安整风运动胜利结束。

3　文艺为谁服务，如何服务

中国共产党抗日、民主的主张，以及在抗战中的努力，使得中共中央所在地延安成为全国抗战的政治、军事中心之一，成为大批知识分子心目中的圣地。1943 年 12 月底，任弼时在中央书记处工作会议的发言中指出：抗战后到延安的知识分子总计 4 万余人。

对于大批知识分子奔赴延安的情形，中共中央组织部部长陈云在 1938 年 9 月的一次演讲中生动地描述道："十年以来，人心大变，不管男女老少，都不怕艰苦，不远千里而来延安。抗大在武汉登报申明不招生了，一点没有用，仍旧是络绎不绝地来，没有汽车用两条腿走，男男女女从几千里外都来了。主要是革命青年，也有大学教授，有工程师，有一个七十五岁的老头子也来了。西北旅社住的什么人都有，各党各派，新闻记者，还有青年组织的参观团，等等。"抗大政治部主任张际春在 1939 年 6 月发表的《抗大为中华民族与中国人民奋斗的三周年》纪念文章

中也写道：“母女相约，夫妻相约，姐妹相约，兄弟相约，亲友相约，师生相约，以至官长与部属相约，结队成群地来到抗大。”

大批知识分子与文艺工作者的到来，使得延安的文艺团体、文艺刊物如雨后春笋般出现。对于抗日战争全面爆发后延安文艺发生的变化，曾担任《解放日报》编辑的黎辛在回忆中指出，延安文艺“在抗战前后是飞跃发展的”。毛泽东在延安文艺座谈会上也肯定，依靠大量的知识分子使“我们的整个文学工作，戏剧工作，音乐工作，美术工作，都有了很大的成绩”。当然，不管是黎辛还是毛泽东的结论，都是一个对比的结果，即抗日战争全面爆发前后对延安文艺状况的比较。在抗日战争全面爆发前，陕甘宁革命根据地识字的人很少，革命队伍中流行的是中央苏区文艺工作者带来的为数不多的、已不能很好地满足抗日民族统一战线需要的文艺作品，广大群众中流行的则是陕北民歌与秧歌，有相当一部分带有一定的封建色彩，或相对低俗。

青年知识分子奔赴延安

大批知识分子和文艺工作者奔赴延安加入革命队伍的行为，并不代表其小资产阶级思想向无产阶级思想的完全转变，他们身上“或长或短地拖着一条小资产阶级的尾巴”。对此，1943 年 4 月，延安的党务广播中播发的《延安对文化人工作的经验介绍》，概括了延安文艺界存在的严重问题：对政治与艺术的关系问题，有人想把艺术放在政治之上，或者脱离政治；对作家的立场观点问题，有人以为作家可以不要马列主义的立场、观点，或者以为有了马列主义的立场、观点就会妨碍写作；对写光明黑暗问题，有人主张对抗战与革命应“暴露黑暗”，写光明就是公式主义（所谓歌功颂德），还有“杂文时代”（即主张用鲁迅讽刺敌人的杂文来讽刺革命）一类口号也出来了。文章指出，“代表这些偏向的作品在文艺刊物甚至党报上都盛极一时”。

在边区群众看来，知识分子来到延安之后最主要的任务是学习马克思主义理论，学习马克思主义与中国革命实际相结合产生的毛泽东思想，并以此为指导进行文艺创作，进而来教育人民大众。在这一方面，当时的文艺界存在诸多不足，即使是同行，前方的文艺工作者也对鲁艺提出了尖锐的意见：“堡垒里的作家为什么躲在窑洞里连洞门都不愿意打开去看看外面的世界?”“提高是否就是不叫人看懂或‘解不了’?”前方缺乏剧本、歌曲，但鲁艺提供出来的却是大、洋、古的东西。因此，知识分子、文艺工作者要深入学习马克思主义已势在必行。

为了更好地端正文艺方向，彻底解决文艺为谁服务、如何服务的问题，党组织在与丁玲、艾青、萧军、舒群、刘白羽、欧阳山、草明、何其芳、严文井、周立波、曹葆华、姚时晓等谈话的基础上，1942 年 5 月 2 日，在中共中央办公厅楼下会议室召开了有 100 多人参加的文艺座谈会。除发起人毛泽东与凯丰外，当时在延安的中共中央政治局委员朱德、陈云、任弼时、王稼祥、博古等也都出席了会议。

5 月 2 日，第一次会议举行，毛泽东作“引言”，讲了文艺工作者的立场、态度、对象、工作、学习等若干问题。16 日，第二次会议举行，毛泽东、朱德等中央领导认真听取了文艺工作者的发言。23 日，最后一次会议举行。朱德首先讲话，谈了文艺工作的立场、态度、对象问题，并联系自己谈了世界观的转变问题。朱德指出：“文艺工作者要看得起工农兵，中国第一、世界第一，都得由工农兵群众批准。不要怕谈‘转变’思想和立场，不但会有转变，而且是‘投降’。共产党、八路军有功有德，为什么不该歌不该颂呢？有人引用李白‘生不用封万户侯，但愿一识韩荆州’的诗句，现在的‘韩荆州’是谁呢？就是工农兵。”接着，毛泽东作总结发言。毛泽东深刻指出，文艺问题“基本上是一个为群众的问题和一个如何为群众的问题”。“为什么人的问题，是一个根本的问题，原则的问题”“必须明确地彻底地解决它”。在中国，文艺为人民大众服务，“第一是为工人的，这是领导革命的阶级。第二是为农民的，他们是革命中最广大最坚决的同盟军。第三是为武装起来了的工人农民即八路军、新四军和其他人民武装队伍的，这是革命战争的主力。第四是为城市小资产阶级劳动群众和知识分子的，他们也是革命的同盟者，他们是能够长期地和我们合作的。这四种人，就是中华民族的最大部分，就是最广大的人民大众”。至于“如何为群众的问题”，毛泽东阐述了普及与提高的关系，即“我们的提高，是在普及基础上的提高；我们的普及，是在提高指导下的普及”。但对当时中国大众来说，首要的是“雪中送炭”而不是“锦上添花”，是普及而不是提高。至于文艺与政治的关系，毛泽东指出，“我们的要求则是政治和艺术的统一，内容和形式的统一，革命的政治内容和尽可能完美的艺术形式的统一”。

延安文艺座谈会代表合影

1943 年 3 月 10 日，中央文委为贯彻讲话精神，召开了党的文艺工作者会议。刘少奇、凯丰、陈云等发表讲话，号召作家、艺术家到群众中去，到火热的斗争中去。中共中央宣传部副部长凯丰在《关于文艺工作者下乡问题》的讲话中说，文艺座谈会上，毛泽东提出了文艺工作者为工农兵服务，面向工农兵，与工农兵结合的号召后，许多文艺工作者都要求下乡，决心下乡。他还具体谈了“为什么下乡”“怎样下乡”“下乡的困难”“下去应注意什么”“对下乡文艺工作者的希望”等问题。中共中央组织部部长陈云在《关于党的文艺工作者的两个倾向问题》的讲话中指出，一部分文艺工作者从旧社会带来两个重要弱点，即自视特殊和自高自大。有人以文化工作者自居，不遵守党的纪律，不学习马列主义，不学习革命实际，处理不好光明与黑暗的问题。刘少奇则从唯物史观的见地出发，反复批评了党内一部分知识分子“口头上唯物，行动上唯心”的倾向，指出马克思主义知识只能从深刻了解客观事物及其规律性得来，不这样而能得到知识的人，不是神仙就是宗教的信徒。

3 月 13 日，《解放日报》详细介绍了毛泽东《在延安文艺座谈会上的讲话》（以下简称《讲话》）的基本观点。10 月 19 日，在鲁迅逝世 7 周年之际，《讲话》在《解放日报》上全文发表。

10 月 20 日，中共中央总学习委员会发出《关于学习毛泽东同志〈在延安文艺座谈会上的讲话〉的通知》（以下简称《通知》），《通知》指出，这一讲话“是中国共产党在思想建设理论建设的事业上最重要的文献之一，是毛泽东同志用通俗语言所写成的马列主义中国化的教科书。此文件决不是单纯的文艺理论问题，而是马列主义普遍真理的具体化，是每个共产党员对待任何事物应具有的阶级立场，与解决任何问题应具有的辩证唯物主义历史唯物主义思想的典型示范”。并提出，各地党组织收到这一文章后，必须当作整风必读的文件，找出适当的时间，在干部和党员中进行深刻的学习和研究，规定为今后干部学校与在职干部必修的一课，并尽量印成小册子发送到广大的学生群众和文化界知识界的党外人士中去。

11 月 7 日，中共中央宣传部作出《关于执行党的文艺政策的决定》，指示“全党都应该研究这个文件，以便对于文艺的理论与实际问题获得一致的正确的认识，纠正过去各种错误的认识”。《讲话》“规定了党对于现阶段中国文艺运动的基本方针”，其全部精神“同样适用于一切文化部门，也同样适用于党的一切工作部门”。随之，全国各地共翻印出版了 80 余种版本。在国统区的郭沫若、茅盾、夏衍等都发表文章或谈话，畅叙体会，表示共鸣。郭沫若连续以《一切为了人民》《向人民大众学习》《走向人民文艺》等为题发表多篇文章，号召进步作家“努力接近人民大众，了解他们的生活，希望，言语，习惯，一切喜怒哀乐的内心和外形，用以改造自己的生活，使自己回复到人民的主位”。

4　实事求是，不尚空谈

“实事求是”最早见于班固的《汉书·河间献王刘德传》，说河间献王刘德“修学好古，实事求是”。联系上下文看，“修学”指“修礼乐”“学举六艺”，“好古”指“所得书皆古先秦旧书”。班固认为，刘德在学经典、修礼乐时，喜好先秦诸子的古书，对旧书“求真是”，“留其正本”。也就是说，刘德的“实事求是”是考证古书时求其真本，讲的是实证的治学态度和方法。1914 年，赵天麟以“实事求是”作为北洋大学校训。1916 年，岳麓书院办学校长宾步程手书“实事求是”匾额，而 1916 年至 1919 年，青年毛泽东曾经寓居岳麓书院半学斋，常在岳麓书院与他的同伴们“指点江山，激扬文字”，研讨革命真理。岳麓书院“实事求是”的校训无疑铭刻在青年毛泽东的心中。

1941 年 5 月，毛泽东在延安干部会议上作《改造我们的学习》的报告中指出：“实事”就是客观存在着的一切事物，“是”就是客观事物的内部联系，即规律性，“求”就是我们去研究。毛泽东借用中国传统文化中的“实事求是”这个成语，从马克思主义哲学的高度对其作了新的科学解释，赋予其崭新的时代内容，使“实事求是”这一古老成语获得了新的强大生命力，成为思想路线的科学概念。这是马克思主义中国化精髓的生动体现，也是马克思主义中国化的典型范例。

7月，中共中央研究院成立，毛泽东作了题为《实事求是》的演讲，对实事求是作了进一步论述。他首先解释了实事求是的含义，然后指出，要做到实事求是，就必须大兴调查研究之风，必须下马看花。跑马看花是看不清楚的，只有下马看花才能看清。他说：“现在中央集中这么多干部办研究院，就是希望大家能够依据马克思列宁主义的理论和方法，对敌、友、我三方面的经济、财政、政治、军事、文化、党务各方面的动态，进行详细的调查和研究工作，然后引出应有的和必要的结论。同志们的眼光一定要向着实际事物的调查研究。”毛泽东深入浅出地举例说：“你们骑马过河，会看到马走到河边时，总是先把前蹄伸到河水里，试一试河水的深浅，然后才往前迈步下水，这就是在做调查研究呀！马尚且懂得这个道理，我们有些犯主观主义的同志，却从来不做调查研究。”毛泽东用手指着大教室靠前的一根顶梁的柱子继续说：“譬如，前面竖着一根柱子，你也不做调查研究，就一直往前走，把头硬往柱子上碰。碰疼了也不抬头看看，做点调查，还是往上碰。这样，最后只能碰得头破血流才算完事。你们说，这样主观主义的人可笑不可笑哇！”毛泽东接着又绘声绘色地嘲笑了那种华而不实、夸夸其谈、下车伊始丝毫不做调查研究就哇里哇啦发号施令的钦差大臣，并举了这种人损害党的工作、损害人民的事例，不时引起全场的笑声。最后，毛泽东用十分郑重的语气说：“中央要求新成立的研究院，一定要养成实事求是的学风和作风。实事求是的科学态度，是共产党员党性的表现，是理论联系实际的马克思列宁主义的作风，是每一个共产党员都必须具备的作风。”

1941 年 5 月 16 日，中共中央机关报《解放日报》创办，在办报过程中逐渐暴露出一些弱点和不足。例如，其以转载国际新闻为主，对党的政策与群众活动的报道则很少；“一天一篇社论”的做法致使有的社论流于形式，质量不高；不少新闻脱离群众，内容失真，八股文风很浓。毛泽东认为，这些问题虽然只是苗头，但却不是个别现象，必须及时加以纠正。1942 年 3 月 8 日，借纪念国际妇女节之机，毛泽东特意给《解放日报》写下了“深入群众，不尚空谈”的题词。“深入群众”，讲的是马克思主义的认识论，也是历史唯物主义的群众观点和工作方法；“不尚空谈”，讲的是马克思主义的思想路线和共产党人的基本准则。

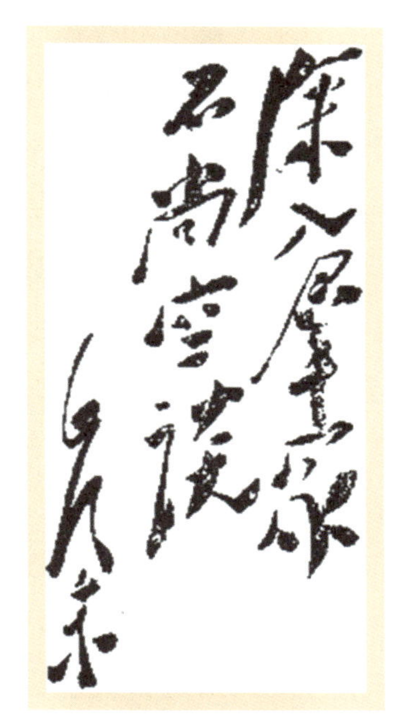

1942 年，毛泽东给《解放日报》的题词

实事求是是办好中央党校的要求。1941 年年底，彭真执笔起草了《中共中央党校计划》，最后由彭真与毛泽东、任弼时共同商量制定，共有十六条，其中对党校的教育目的、课程设置、组织机构等都作了规定。计划经党校管委会讨论通过后，彭真向毛泽东请示中央党校的校训是什么，毛泽东回答：“应是实事求是，不尚空谈。”彭真根据这一精神，和中央党校领导人员研究制定了办校的方针：一、实事

求是，不尚空谈；二、坚持真理，随时修正错误；三、把自己的言行当作客观事物来对待。可见，实事求是成为党内干部培养、特别是高级干部培养的重要方针。

实事求是是培养军事干部的要求。1942 年 11 月 16 日，朱德出席延安军事学院第一期学员毕业典礼并讲话，指出："同学们出去是要干事业的。要想做成几件事，只有老老实实，实事求是，这是八路军的传统方法。一切最好的战略战术都是实事求是合乎辩证法的，有什么样的武装，有什么样的敌人和地理条件，就必须打什么样的仗，调皮是不行的。"1943 年 8 月 18 日，朱德在《解放日报》上发表了文章《军事教育必须从实际出发》。文章指出："军事教育和其他事情一样，必须从实际出发，采取实事求是的态度，不然不仅于事无补，有时反有害于事。"

实事求是是边区经济建设的要求。1942 年年底到 1943 年年初召开的西北局高级干部会议，对 22 位领导经济建设的干部进行了表彰。毛泽东为中共靖边县委书记惠中权奖状的题词是"实事求是，不尚空谈"。1943 年 2 月 3 日，《解放日报》发表社论《向领导经济建设受奖同志学习》。社论指出："他们不保守，不空谈，有调查研究、实事求是的精神，因而就有创造的精神。""他们能深入群众，依靠群众的力量，而毫无官僚主义的习气。""他们艰苦卓绝，对党对事业抱有无限的忠心。""他们不夸不骄，在群众中威信很高。"

实事求是是干部审查的要求。干部审查，是中国共产党组织部门的一项经常性的工作，其任务是了解干部，同时也清查暗藏在党内的敌特奸细和混入党内的投机分子、阶级异己分子。对此，陈云在起草中共中央组织部关于审查干部的总结中指出："实事求是的审查才是真正的严格。"

实事求是是中共中央机关报《解放日报》中出现频率极高的词，如《英雄不能“确定”，表扬他们也要实事求是》《贯彻实事求是的精神——关于边区英雄的选举》《李富春同志指示各机关，真正建立生产基础，拟订计划应实事求是》《军事学院第一期学员毕业，朱总司令勉实事求是结合群众》，实事求是成为革命工作的指导思想与实践要求。其中，1945 年 3 月 23 日《解放日报》发表社论《新闻必须完全真实》，总结了解放区新闻整风的经验，进一步阐明了党的新闻事业的实事求是方针。

1943 年落成的中共中央党校大礼堂

1943 年落成的中共中央党校大礼堂的正面墙上镌刻着毛泽东的题词“实事求是”。

1945 年，毛泽东为党的七大纪念册题词“实事求是，力戒空谈”。

1981 年，长期担任陈云秘书的朱佳木在《陈云同志教我学哲学》一文中有这样一段精辟的阐述：

陈云同志在延安时期，有一段身体不大好，他利用休养时间，把毛泽东同志起草的文件、电报认真读了一遍，感到其中贯穿着一个基本的指导思想，就是实事求是。那么，怎样才能做到实事求是呢？陈云同志经过认真思考，得出了15个字的体会，即“不唯上、不唯书、只唯实，交换、比较、反复”。根据他的解释，所谓“不唯上”，不是说上面的话不要听，而是说不要“唯上命是从”，“这和同中央保持一致并不矛盾”；“不唯书”，也不是说不学习马克思主义著作，不遵循马克思主义的基本原理，不执行中央的文件精神，而是说要结合本部门本地区的具体情况，不能教条主义式地学习，机械地执行，这与古人说的“尽信书不如无书”是一个道理；“只唯实”，就是一切要从实际出发，不能从原则出发。所谓“交换”，就是彼此之间交换一下看法，以使自己的意见更全面，拿今天的话说，叫做“换位思考”；“比较”，就是把不同事物、不同意见放在一起进行优劣、利弊等各方面的比较研究，在比较中加深对问题的认识，以使自己的结论更正确；“反复”，就是有了一个倾向性意见之后，不要匆忙做决定，而要放一放，再反复考虑一段时间，听听不同意见，即使没有不同意见，也要假设一个对立面，以使自己的意见更完整。

延安时期，中国共产党人正是这样确立了解放思想、实事求是的思想路线，并使之成为各项工作的指导方针。

团结的大会，胜利的大会

1945年4月23日，毛泽东在题为《两个中国之命运》的党的七大开幕词中指出：这次大会“是关系全中国四亿五千万人民命运的一次大会”，“是一个打败日本侵略者、建设新中国的大会，是一个团结全中国人民、团结全世界人民、争取最后胜利的大会”。党的七大是以“团结的大会，胜利的大会”载入史册的，是新民主主义革命时期最重要、最成功的一次代表大会，具有极其深远的历史意义。这次大会，使全党在马克思列宁主义、毛泽东思想的旗帜下，坚持真理、修正错误，实现了思想上、政治上和组织上的空前团结和统一，并在总结了中国新民主主义革命20多年曲折发展历史经验的基础上，制定了正确的纲领和策略，为争取抗日战争的胜利和新民主主义革命在全国的胜利提供了最可靠的保证。

1　党的七大的筹备

早在1931年1月，党的六届四中全会就曾有过召开党的七大的提议，决定“委托新的政治局展开必须的准备工作”。但由于国民党对中央苏区的“围剿”和党的高级领导顾顺章、向忠发的先后被捕叛变，党的七大的准备工作被迫中断。

中共中央落脚陕北之后，忙于根据地的巩固扩大和抗日民族统一战线的建立，到全面抗战爆发后，1937年12月，中共中央政治局会议通过了《关于召集第七次全国代表大会的决议》，决定成立以毛泽东为主席、王明为书记的由25人组成的党的七大准备委员会，以及由毛泽东、张闻天、陈云、王明等组成的秘书处，会议还提出“准备期限不能过长，应尽可能地在较短时间内召集大会”。

1938年3月，中共中央政治局再次开会，“讨论了进一步具体准备这一大会的工作问题”。会议结束后，任弼时前往苏联并于 4 月 14 日向共产国际汇报中共中央决定最近半年之内召开第七次全国代表大会。9 月，从苏联回到延安的王稼祥在中共中央政治局会议上传达了共产国际的指示和季米特洛夫的意见："国际认为，中共七次大会要着重于实际问题，主要着重于抗战中的许多实际问题，不应花很久时间去争论过去十年内战中的问题。"同年 11 月，党的六届六中全会通过《关于召集第七次全国代表大会的决议》，强调要从"政治上、组织上和技术上进行大会的准备工作"，并对党的七大中心任务、议事日程、代表分配及产生办法等问题，作了若干规定和明确指示。

1940 年年初，周恩来在莫斯科同中共驻共产国际代表团负责人任弼时等人合影

1939 年 6 月 10 日，毛泽东在延安高级干部会议上提出的《反投降提纲》中就"七次大会"问题指出："八月一日前选举完毕""十月开会"。6 月 14 日和 7 月 21 日，中央书记处先后两次向各地党组织发出选举党的七大代表的通知，并要求当年 9 月 1 日前确定代表人选。

9月，周恩来因骨折到苏联就诊，其间他为共产国际撰写《中国问题备忘录》，其中最后一部分提到将在1940年3月、4月间召开党的七大。1940年3月10日，毛泽东得知周恩来、任弼时已经在返延途中后，与王稼祥致电朱德、彭德怀，提出“恩来已回，七大快开”。4月2日，毛泽东在给彭德怀的电报中又说：“恩来、弼时二十五日到延，七大决定快开。”4月4日、16日，毛泽东又分别致电彭德怀和项英：“华北各地各军到七大代表请你筹划一下，务使及时安全到达”“新四军代表尽可能渡江速来中央”。

1941年3月12日，中共中央政治局会议决定，召开党的七大的一切准备工作要在“五一”前完成，初步议定在“五一”开会。这次会议后，一部分党的七大代表陆续到达延安，但不久后中共中央决定党的七大延期召开。

从1941年至1943年，中共中央陆续通知华中局书记刘少奇、南方局书记周恩来、北方局书记彭德怀以及彭真、陈毅、罗瑞卿、蔡树藩、薄一波、聂荣臻、吕正操等来延安，一方面参加整风，一方面参加党的七大的筹备工作。

1943年7月17日，中央书记处向中共中央政治局提出在8个月到9个月内召开党的七大的建议。8月1日又发出了《关于“七大”代表赴延安出席大会的指示》。后因整风运动需要对党的历史进行新的总结，已经启动的会议进程再次中断。

1944年5月10日，中央书记处召开会议，讨论党的七大的准备工作。决定组织几个报告准备委员会，其中之一是党内历史问题决议准备委员会，由任弼时负责召集。会议决定在党的七大前召开党的六届七中全会，5月20日左右召开首次会议。

1944年5月21日至1945年4月20日，党的六届七中全会召开。

会议选举毛泽东、朱德、刘少奇、任弼时、周恩来5位同志组成大会主席团，毛泽东为中央委员会主席和党的六届七中全会主席团主席。会议期间由主席团处理党中央的日常工作，政治局及书记处暂时停止行使职权。会议历时11个月，先后召开八次全体会议。毛泽东代表政治局作了工作报告，周恩来作了关于重庆谈判的情况报告。全会讨论并通过了毛泽东起草的《中央关于城市工作的指示》，通过了党的七大主席团、代表资格审查委员会候选人名单和会议日程，以及准备党的七大作的政治报告、军事报告和准备提交党的七大讨论的党章草案。4月20日，会议上通过任弼时、胡乔木、张闻天、毛泽东等多人撰写、修改的《关于若干历史问题的决议》（以下简称《决议》），总结了建党以来特别是党的六届四中全会至遵义会议前这一段党的历史及其基本经验教训，高度评价了毛泽东运用马克思列宁主义基本原理解决中国革命问题的杰出贡献，肯定了确立毛泽东在全党的领导地位的重大意义。《决议》是延安整风运动的成果，对统一全党思想，加强全党的团结一致起了巨大的历史作用。《决议》最后写道：

> 扩大的六届七中全会着重指出：二十四年来中国革命的实践证明了，并且还在证明着，毛泽东同志所代表的我们党和全国广大人民的奋斗方向是完全正确的。今天我党在抗日战争中所已经取得的伟大胜利及其所起的决定作用，就是这条正确路线的生动的证明。党在个别时期中所犯的“左”、右倾错误，对于二十四年来在我党领导之下的轰轰烈烈地发展着的、取得了伟大成绩和丰富经验的整个中国革命事业说来，不过是一些部分的现象。这些现象，在党还缺乏充分经验和充分自觉的时期内，是难于完全避

免的；而且党正是在克服这些错误的斗争过程中而更加坚强起来，到了今天，全党已经空前一致地认识了毛泽东同志的路线的正确性，空前自觉地团结在毛泽东的旗帜下了。以毛泽东同志为代表的马克思列宁主义的思想更普遍地更深入地掌握干部、党员和人民群众的结果，必将给党和中国革命带来伟大的进步和不可战胜的力量。

扩大的六届七中全会坚决相信：有了北伐战争、土地革命战争和抗日战争这样三次革命斗争的丰富经验的中国共产党，在以毛泽东同志为首的中央的正确领导之下，必将使中国革命达到彻底的胜利。

枣园后沟水草湾礼堂旧址

除了党的七大的召开时间一再变化外，召开的地点也多次发生变化。1939 年秋，中共中央办公厅在安塞县招安乡李家塌修建了礼堂，并在附近挖了窑洞，以供代表住宿，还修建了运动场等。1940 年 5 月，主管这一工作的中共中央秘书长任弼时和副秘书长李富春还亲自去安塞进行实地考察。但他们认为“安塞离延安远，交通不方便”，只好放弃。

安塞被排除后，有关部门就把会议地点放在了延安枣园后沟的水草湾，盖了礼堂，修建了供代表居住的窑洞。这个地方有其明显的优势和特点：树木比较密集、高大，便于隐蔽；离中央领导人住处较近，便于有关问题的及时汇报与沟通。然而，待一切就绪后，他们发现这里“地方较小，条件较差，也容不下那么多代表，而且只有一口水井，连水也不够用”，因此只得另找地方。这个地方交给了中共中央社会部，办了西北公学。

后来，经多方权衡并报中央书记处同意，党的七大会址选定在延安杨家岭。杨家岭原来就有一个砖木结构的礼堂，可容三四百人，只是后来不慎被一场大火烧毁。用作会场的杨家岭中央大礼堂于 1941 年开始动工修建，由建筑专家杨作材设计。施工人员多是从当地请来的一些建筑工人，驻地部队也抽出人员轮流投入施工。中共中央机关工作人员和中央领导人还挤出时间参加义务劳动。由于军民通力合作，礼堂建设速度非常快，仅花了一年多的时间，到 1942 年就建成了。这个礼堂朴素大方、壮观美丽，并体现了中西合璧的设计风格——外观是苏联式，内部是陕北窑洞式的石拱结构。礼堂占地 1 056 平方米，大厅长 36 米、宽 34 米、高 11 米，可以容纳上千人。因为用途严格保密，许多人不明白为何在边区经济十分困难的情况下大兴土木，直到党的七大召开前，大家才明白。

杨家岭中央大礼堂

2 在毛泽东的旗帜下胜利前进

1945 年 4 月 21 日，中共中央召开了党的七大的预备会议。会议首先由任弼时报告党的七大的筹备过程。毛泽东在会上作了《中国共产党第七次全国代表大会的工作方针》的讲话，指出党的七大的方针是“团结一致，争取胜利”，“胜利是指我们的目标，团结是指我们的阵线，我们的队伍。我们要有一个团结的队伍去打倒我们的敌人，争取胜利，而队伍中间最主要的、起领导作用的，是我们的党”。

4 月 22 日，会议选举毛泽东、朱德、刘少奇、周恩来、任弼时、林伯渠、彭德怀、陈云、陈毅、贺龙、徐向前、张闻天、彭真等人组成大会主席团。大会主席团推选毛泽东、朱德、刘少奇、周恩来、任弼时为主席团常委，任弼时、李富春为大会正、副秘书长。会议成立了由彭真任主任的 22 人组成的代表资格审查委员会，预备会议还确定了党的七大的议程。

4月23日下午5点多，党的七大在杨家岭中央大礼堂隆重开幕。会场主席台上悬挂着毛泽东、朱德的巨幅画像，主席台上方写着“在毛泽东的旗帜下胜利前进”的标语，两边插红旗的旗座上写着“坚持真理”“修正错误”的口号，后面的墙壁上是毛泽东为大会题写的主题词“同心同德”。出席党的七大的代表共755名，其中正式代表547名，候补代表208名。分为中直、西北、晋绥、晋察冀、晋冀鲁豫、山东、华中和大后方8个代表团。大会还特邀一些外籍人士参加，其中有日本共产党的代表冈野进、朝鲜独立同盟的代表朴一禹、驻延安苏联情报组负责人兼塔斯社记者孙平等。任弼时主持了开幕式，毛泽东致开幕词《两个中国之命运》。毛泽东提出：“这个大会是一个打败日本侵略者、建设新中国的大会，是一个团结全中国人民、团结全世界人民、争取最后胜利的大会。”

党的七大代表进入会场

4 月 24 日，毛泽东向党的七大提交了《论联合政府》的书面政治报告。报告科学地分析了国际国内形势，郑重地提出了中国人民强烈希望建立民主联合政府、打败日本侵略者、建设新中国的基本要求。在两个前途、两种命运的激烈斗争中，为了争取光明的前途，反对黑暗的前途，毛泽东在报告中提出了党的政治路线：“放手发动群众，壮大人民力量，在我党的领导下，打败日本侵略者，解放全国人民，建立一个新民主主义的中国。”会上，毛泽东没有照本宣读，而就其中一些问题作了口头报告。首先，毛泽东讲了路线问题，路线拿一句话来概括，就是“无产阶级领导的人民大众的反帝反封建的革命”。他特别告诫道：忘记“农民”两个字，“就是读一百万册马克思主义的书也是没有用处的”。其次，毛泽东讲了政策方面的几个问题，特别强调了两个方面：一是发展资本主义的问题；二是由游击战转变到运动战，由乡村转变到城市的问题。最后，毛泽东讲了党内的几个问题，如个人与共性的问题，知识分子的作用，以及“讲真话”，等等。

党的七大会场

4月25日，朱德作了《论解放区战场》的军事报告。朱德根据马克思列宁主义的军事学说，总结了党领导武装斗争的经验，特别是八年全面抗日战争的经验，提出了争取抗日战争最后胜利的战略任务。

4月30日，周恩来作了关于统一战线的发言。周恩来把从“九一八”到党的七大的统一战线划分为五个阶段：（1）从“九一八”到西安事变。斗争的中心是抵抗日本侵略，还是不抵抗日本侵略。这阶段是反蒋抗日。（2）从西安事变到“七七”抗战。争论的中心是真正准备抗战，还是空谈准备抗战。这阶段是逼蒋抗日。（3）从“七七”抗战到武汉撤退。斗争的中心是全面抗战还是片面抗战。我们坚持建立统一战线组织，制定共同纲领，改革政治机构；蒋介石方面则提出一个政党、一个主义、一个领袖的反动口号，落实他们的“溶共政策”。（4）从1939年国民党五届五中全会到1944年国共两党公开谈判。斗争的中心是我们坚持抗战、团结、进步，国民党要妥协、分裂、倒退。其间有三次反共高潮，三次国共谈判。（5）从1944年9月联合政府口号提出到现在。斗争的中心是我们提出成立民主联合政府，国民党继续坚持一党专制的政府。此外，周恩来还深刻地指出，要建立一个巩固的新民主主义的统一战线，就要认清楚敌人、队伍和司令官这三个问题。认清敌人，就是要正确地认识历史发展进程中的矛盾变化，能够随时地认识敌人，分析敌人，能够提出战胜敌人的正确方针；至于队伍，队伍很大，很复杂，要分析情况，区别对待，争取绝大多数；司令官问题就是坚持无产阶级的领导权问题，右的错误是放弃领导，“左”的错误是把自己孤立起来，成了“无兵司令”“空军司令”。

5月14日和15日连续两天，刘少奇作了《关于修改党的章程》的报告。新党章明确规定“中国共产党，以马克思列宁主义的理论与中国革命实践之统一的思想——毛泽东思想，作为自己一切工作的指针，反对任何教条主义的或经验主义的偏向”，确定毛泽东思想为全党的指导思想。新党章特别强调党的群众路线，刘少奇在修改党章的报告中指出，“中国共产党人必须具有全心全意为中国人民服务的精神”“党的群众路线，是我们党的根本的政治路线，也是我们党的根本的组织路线”“我们党的纲领的根本出发点是为了解放人民和使人民得到幸福，我们党的一切政策、一切工作和一切组织都必须密切地与群众相结合，我们党的领导工作必须采取‘从群众中来，到群众中去’的方法”。

1945年5月14日，刘少奇作《关于修改党的章程》的报告

5 月 14 日至 23 日，大会继续讨论政治、军事和组织三大报告。

5 月 24 日，毛泽东作了《第七届中央委员会的选举方针》，提出在选举中应坚持三个原则：第一，对过去犯过错误的同志，只要承认错误，决心改正错误，还可以入选；第二，要把各个地方、各个方面的党的先进代表人物都组织进中央委员会；第三，要把有不同方面知识和才能的同志选出来。关于选举人数，毛泽东介绍了主席团意见，认为 70 人左右较为合适。

5 月 30 日，朱德作《论解放区战场》军事报告的讨论总结，刘少奇作组织报告的讨论总结，毛泽东作政治报告的讨论总结。

5 月 31 日，毛泽东在党的七大会上作了总结，讲了国际形势、国内形势、党内若干思想政策三个问题，大会表决通过了《关于政治报告的决议案》。

6 月 9 日，大会选举出以毛泽东为首的第七届中央委员会，6 月 10 日，大会进行了候补中央委员的选举。其中，中央委员会委员 44 人，候补中央委员 33 人。

6 月 11 日，大会表决通过《关于军事问题的决议案》《以七大名义召开中国革命死难烈士追悼大会决定》及修订的《中国共产党党章》。大会举行闭幕式，毛泽东作了题为《愚公移山》的闭幕词。他指出：我们开了一个很好的大会，是一次胜利的大会，团结的大会。今后的任务是领导全党实现党的路线，要求代表回到各自的工作岗位去宣传大会的路线，要使全党和全国人民建立起一个信心，即革命一定要胜利。下定决心，不怕牺牲，排除万难，去争取胜利。

毛泽东和朱德在党的七大主席台

6月19日，党的七届一中全会召开，选举出毛泽东、朱德、刘少奇、周恩来、任弼时、陈云、彭真、董必武、林伯渠、张闻天、彭德怀等人为中共中央政治局委员，选举毛泽东、朱德、刘少奇、周恩来、任弼时为中央书记处书记，毛泽东为中央委员会主席、中央政治局主席、中央书记处主席。

3 一次极其重要的全国代表大会

党的七大提出并倡导了中国共产党人知难而进、迎难而上，锲而不舍、不屈不挠，坚持不懈、坚忍不拔，不达目的决不罢休的愚公移山精神。寓言故事愚公移山出自《列子·汤问》。1938 年 12 月 1 日，毛泽东在抗大第 4 期第一大队 15 个队毕业典礼大会上讲话时，提到愚公移山的故事；1939 年 1 月 28 日，在抗大第 5 期开学典礼上，毛泽东重申了这一故事。在党的七大会议上，毛泽东在口头作政治报告、结论、闭幕词里三次提到愚公移山的故事。1945 年 6 月 11 日，毛泽东在党的七大的闭幕词里说：

> 我们宣传大会的路线，就是要使全党和全国人民建立起一个信心，即革命一定要胜利。首先要使先锋队觉悟，下定决心，不怕牺牲，排除万难，去争取胜利。但这还不够，还必须使全国广大人民群众觉悟，

甘心情愿和我们一起奋斗，去争取胜利。要使全国人民有这样的信心：中国是中国人民的，不是反动派的。中国古代有个寓言，叫做“愚公移山”。说的是古代有一位老人，住在华北，名叫北山愚公。他的家门南面有两座大山挡住他家的出路，一座叫做太行山，一座叫做王屋山。愚公下决心率领他的儿子们要用锄头挖去这两座大山。有个老头子名叫智叟的看了发笑，说是你们这样干未免太愚蠢了，你们父子数人要挖掉这样两座大山是完全不可能的。愚公回答说：我死了以后有我的儿子，儿子死了，又有孙子，子子孙孙是没有穷尽的。这两座山虽然很高，却是不会再增高了，挖一点就会少一点，为什么挖不平呢？愚公批驳了智叟的错误思想，毫不动摇，每天挖山不止。这件事感动了上帝，他就派了两个神仙下凡，把两座山背走了。现在也有两座压在中国人民头上的大山，一座叫做帝国主义，一座叫做封建主义。中国共产党早就下了决心，要挖掉这两座山。我们一定要坚持下去，一定要不断地工作，我们也会感动上帝的。这个上帝不是别人，就是全中国的人民大众。全国人民大众一齐起来和我们一道挖这两座山，有什么挖不平呢？

党的七大通过的党章规定：“以马克思列宁主义的理论与中国革命的实践之统一的思想——毛泽东思想，作为自己一切工作的指针。”从此，我们党有了以自己的领袖命名的理论旗帜。旗帜就是方向，旗帜就是形象，旗帜决定命运，这在思想上、政治上、组织上为党领导人民夺取抗日战争的胜利和新民主主义革命的胜利提供了坚强保证。

党的七大总结了中国共产党领导中国民主革命曲折发展的历史经验，特别是总结了八年全面抗战的经验，制定出打败日本侵略者、建立新中国的正确的纲领和策略，即“放手发动群众，壮大人民力量，在我党的领导下，打败日本侵略者，解放全国人民，建立一个新民主主义的中国”；规划了新中国的蓝图，即“将中国建设成为一个独立、自由、民主、统一和富强的新中国”，具体化为新民主主义的一般纲领和建立联合政府的具体纲领。

党的七大批评了党内的错误思想，系统地阐明党的优良传统和作风，使全党的认识在马克思列宁主义、毛泽东思想的基础上统一起来。毛泽东概括提出的三大优良传统作风——理论和实践相结合的作风，和人民群众紧密地联系在一起的作风，以及自我批评的作风，是中国共产党区别于其他任何政党的显著标志。理论和实践相结合的作风，是同脱离具体实践的教条主义和把局部经验误认为普遍真理的经验主义相对立的；和人民群众紧密地联系在一起的作风，是同命令主义、尾巴主义等脱离群众的作风相对立的；自我批评的作风，是同残酷斗争、无情打击的惩办主义和一团和气、丧失原则的自由主义相对立的。

党的七大选举产生了以毛泽东为首的中央领导集体，使全党在组织上达到空前的团结。党的七大选举了党的领导机关——中央委员会，44 名中央委员、33 名候补中央委员，13 名中共中央政治局委员，5 名书记处书记，形成了一个梯队合理、人员齐整、具有广泛代表性的成熟的中央领导集体。

党的七大代表的合影

党的七大是中国共产党在民主革命时期召开的最后的、也是最重要的一次全国代表大会。它以“团结的大会，胜利的大会”载入中国共产党的史册。1945 年 6 月 14 日，《解放日报》发表社论《团结的大会　胜利的大会》。社论指出：“中国共产党召开的七大第一个历史标志，就是全体一致通过了毛泽东的政治报告；第二个标志，就是根据毛泽东的军事学说和十七年武装斗争的经验，制定了人民军事路线的完整体系；第三个标志，就是新的党章的制定，这意味着党内生活和党同群众的关系，已经而且将要根据毛泽东的方针有长足的进步；大会最后一个标志，也是最重要的一个标志，就是毛泽东思想被全党一致承认为党的指导思想，为我党一切工作的指针。”

中央党史和文献研究院编写的《中国共产党的一百年》指出：党的七大是党在新民主主义革命时期召开的一次极其重要的全国代表大会。

两个中国之命运

1931年，日本帝国主义入侵中国，1937年的卢沟桥事变后，中华民族面临生死存亡危机，中华民族和日本帝国主义之间的矛盾成为中国社会的主要矛盾。中共中央所在地延安，作为中国人民抗日战争的政治指导中心，以及敌后抗日战场的指挥中心，深刻影响和决定着抗战及其胜利后的全国走向。经过中国军民的不屈战斗，到1945年，中国人民取得了近代以来抗击外敌入侵的第一次完全胜利。这一伟大胜利，彻底粉碎了日本帝国主义殖民奴役中国的图谋，洗刷了近代以来中国抗击外来侵略屡战屡败的民族耻辱，使中国人民赢得了爱好和平的世界人民的尊敬。抗战胜利后，中国共产党提出和平民主团结的主张，并派毛泽东等人赴重庆谈判，但蒋介石假和平、真内战，并于1946年6月26日撕毁停战协定，向各解放区发动了全面进攻。

1　八载干戈仗延安

1935 年 12 月，中共中央在《关于目前政治形势与党的任务决议》中，号召全党准备长时间同日本侵略者战斗，准备和敌人做艰苦的持久战。这是中共中央首次提出与日本的战争是持久战这一论断。1937 年 7 月，全面抗战爆发后，中国完全处于战略防御境地，中共中央、中国共产党主要领导都一再强调这一观点。

进入 1938 年，中国共产党一边带领人民开辟敌后战场，一边总结全面抗战爆发以来的经验，对持久战的认识更加深入和明确。1938 年 5 月 26 日到 6 月 3 日，毛泽东在延安抗日战争研究会上提出了《论持久战》，系统地论述了抗日战争的持久性问题，坚决彻底反驳了国内“亡国论”和“速胜论”两种错误思潮。关于持久战提出的基本依据，毛泽东指出，抗日战争“是半殖民地半封建的中国和帝国主义的日本之间在二十世纪三十年代进行的一个决死的战争。全部问题的根据就在这里”。他阐述了中日两国的基本特点：日本是帝国主义强国，战争力量强大，但它发动的战争在本质上是退步的和野蛮的，其国力无法支持长期战争，在国际上也得不到有力的援助。尽管中国是半殖民地半封建的弱国，但现在的中国比其任何历史时期都要进步，中国又是一个地大物博人多的大国，有支持长期战争的条件，加上中国抗日战争的正义性和进步性，一定能团结全国人民并得到多数国家的援助。最终，中国会击败日本，赢得战争的胜利。毛泽东认为持久抗战的主要特征是战争的长期性，并表现于三阶段中：首先是敌之战略进攻，我之战略防御阶段；其次是敌之战略保守，我之准备反攻阶段，即战略相持阶段；最后是我之战略反攻，敌之战略退却阶段。其中，关于战略相持阶段的理论，是毛泽东《论持久战》的核心。

1938 年春，毛泽东在延安窑洞撰写《论持久战》

同年 10 月，以武汉和广州的失陷为标志，抗日战争进入战略相持阶段。11 月，由国民政府军事委员会召集、蒋介石亲自主持的南岳军事会议后，国民党将全国抗战划分为战略防御和战略反攻两个阶段，不赞成三个战略阶段的划分，否认战略相持阶段这个转变敌我力量对比时期的存在。对此，毛泽东深刻地指出：承认抗战是持久战却不赞成战争分为三个阶段，那么，这种持久战就是没有多少实际内容与意义的“完全抽象的东西”，对现实情况没有多少指导作用，这种意见本质上是“速胜论”。

进入相持阶段后，日军一方面对国民党采取以政治诱降为主，军事打击为辅的政策，集中进攻中国共产党领导的敌后抗日根据地；另一方面积极扶植汉奸政权，以达到“以战养战”和奴化中国人民的目的。受日本侵略者改变对华方针的影响，国民党逐渐由抗战初期的积极作战转变成“消极抗日，积极反共”，先后掀起两次反共高潮，进攻敌后抗日根据地。更为严重的是，1938 年 12 月底，汪精卫叛逃降日，并于 1940 年 3 月底在日本的扶植下于南京成立伪国民政府。在这样的历史背景下，中国共产党更加坚信持久战的抗战方针。1939 年 7 月 7 日，中共中央发表《致国民党书》，重申“抗战是持久的”，提出坚决执行持久抗战的战略，中国就不会灭亡。

1941 年到 1942 年，日伪军对华北抗日根据地进行了大规模的“扫荡”，使用兵力在千人以上至万人的，达 132 次之多，万人以上至七万人的 27 次。有时对一个地区的“扫荡”时间长达三四个月之久。在日伪军的疯狂进攻下，根据地面积不断缩小，人口由一亿减至五千万以下，生产遭受到严重的破坏，经济状况极端恶化。到 1942 年，八路军、新四军的兵力由 50 万减少为约 40 万。

但是到了1942年，也出现了一些好的形势。第一，世界反法西斯同盟建立，东西方反法西斯战场连成一片，国际形势对中国十分有利，同盟国的实力又远远超过法西斯轴心国，这极大地增强了中国军民战胜日本侵略者的信心。第二，英美约定于1942年在欧洲开辟第二战场，斯大林提出在1942年打败希特勒的口号。第三，日军在战场上表现出种种困难，到1941年年底，日军的战场已遍布东亚、东南亚各地及东太平洋诸多岛屿，兵力分散，力量不能集中。这些有利形势鼓舞人心，激发了全党、全国人民的斗志。

进入1943年后，苏、美、英等同盟国军队在苏德战场、北非战场和太平洋战场相继取得了斯大林格勒战役、阿拉曼战役、瓜达尔卡纳尔群岛战役的重大胜利，夺取了战争的主动权，战争形势逐渐变得对反法西斯力量有利。随后，盟军乘胜进行战略反攻。在非洲战场，美英联军胜利地进行了北非登陆战役，把德意军队赶出了北非，于1943年5月结束了北非战事。继而，美英盟军进攻意大利，迫使意大利投降，退出法西斯轴心国，并对德国宣战。至此，德国和日本分别陷入被动挨打、疲于应付的境地，两国的政治、经济危机不断加深。

1944年，第二次世界大战的局势继续向着对反法西斯同盟国有利的方向发展。苏军完全占据了对德军的战争主动权；美军不断对日军发动战略进攻，进军太平洋上的马里亚纳群岛和菲律宾；英军和中国驻印军、远征军，则大规模反攻日军。日军基本上丧失了在太平洋战场上的制空、制海权，在东南亚的50万部队也存在着与日本本土失去联系的危险，完全丧失了战争的主动权。加之日本法西斯对外侵略战争不断扩大，给日本人民造成深重的灾难，日本人民的反战行动有了明显发展。军事失利、经济凋敝、国内人民的不满，使日本法西

斯的政治危机不断加深。

但也就在这一年，国民党军队在豫湘桂战役中一败涂地，太平洋战场的美军虽然取胜但伤亡惨重，罗斯福总统对战局的恶化十分忧虑，强烈敦促蒋介石积极抗日，同时从战争需求出发也希望与中国共产党就华北等地的气象情况、日军部署情报等方面加强合作。有鉴于此，罗斯福总统决定向延安派驻“美军中缅印战区驻延安观察组”。美军观察组18名组员的主要任务是了解中国共产党领导的军队的力量、位置、作战部署、装备状况、战斗力等，还有中国共产党在日军内部、日本占领区的情报工作能力。6月29日，毛泽东主持党的六届七中全会主席团会议，就美军观察组来延问题进行了专题讨论。会议决定：对美国军事使团表明，中国共产党需要合作抗战，抗战胜利后需要和平建国，民主统一；在交涉中以老实为原则，我们能办到的就说能办到，办不到的就说办不到；使团到后由毛泽东、朱德、周恩来、彭德怀、林彪、叶剑英出面接待和谈判。7月22日和8月7日，美军观察组分两批飞抵延安。延安高度重视观察组的到来，8月15日，《解放日报》发表了经毛泽东修改的社论，主题为“欢迎美军观察组的战友们”。社论指出“美军观察组战友们来到延安，对于争取抗日战争的胜利，实有重大的意义”，“这是中国抗日以来最令人兴奋的一件大事”。在延安，毛泽东、朱德、周恩来等也经常以各种形式同观察组成员进行会见和交谈，介绍中国共产党的政策和主张。美军观察组除访问延安外，还派出人员分赴晋察冀和晋绥抗日根据地考察。美军观察组通过考察向国内报告：“七年来，共产党人牵制了很大一部分日本在中国的军队；七年来，共产党人在华北抵御日本人的坚决而组织严密的大规模进攻，成功地保卫了大片地区。”

毛泽东、朱德与美军观察组组长包瑞德的合影

1945年5月2日，苏军占领柏林，5月8日，德国向苏、美、英、法四国无条件投降，欧洲战事结束。1945年3月初，美军占领马尼拉，3月底，攻占硫磺岛，6月，攻陷冲绳岛，从东、南两个方向逼近日本本土。中国军队在正面战场已遏制了日军的进攻，并在缅北、滇西展开反攻。深陷中国战场的180万日军，经过中国军民长期打击和消耗，特别是在敌后战场持续广泛的反攻下，士气日益低落，战线不断崩溃，已被迫龟缩于城市和交通要道。

1945年6月11日，党的七大闭幕，陈毅满怀胜利豪情，写下了颂诗：

百年积弱叹华夏，
八载干戈仗延安。
试问九州谁作主？
万众瞩目清凉山。

2　人民的狂欢节

1945 年 7 月到 8 月初，苏、美、英三国政府首脑在德国波茨坦举行会议。7 月 26 日，《波茨坦公告》发表，敦促日本政府立刻投降。28 日，日本公开拒绝《波茨坦公告》。8 月 6 日和 9 日，美国向日本投放了两颗原子弹。8 月 9 日，苏军出兵中国东北，迅速击溃日本关东军。同日，毛泽东就苏联对日宣战发表声明指出，苏联进行对日作战，将大大地缩短中国人民取得抗战胜利的时间，“最后战胜日本侵略者及其一切走狗的时间已经到来了”“中国人民的一切抗日力量应举行全国规模的反攻”。

8 月 10 日，日本通过中立国瑞士、瑞典政府，表示准备接受《波茨坦公告》，向同盟国投降。8 月 10 日晚，延安清凉山新华通讯社的报务员突然收到了发自路透社、合众社的有关日本向美国、中国、英国、苏联发出乞降照会的电讯。副社长吴文涛接过电讯稿，激动万分，直接拨通了枣园毛泽东的电话，报告了这一振奋人心的喜讯。“消息传开后，人们互相传递火把，从各个山上涌到城里，文化沟、市场沟挤满了人。大家敲锣打鼓，扭秧歌、喊口号，又唱又跳，相互拥抱，尽情抒发心中的情感。”

10日晚，诗人艾青写下了《人民的狂欢节》，于8月14日在《解放日报》发表；诗人萧三也写下了《延安狂欢夜》，于8月15日在《解放日报》发表。此外，严辰的《八年》于8月20日在《解放日报》发表，飞涛的《为和平而歌》于9月5日在《解放日报》发表。

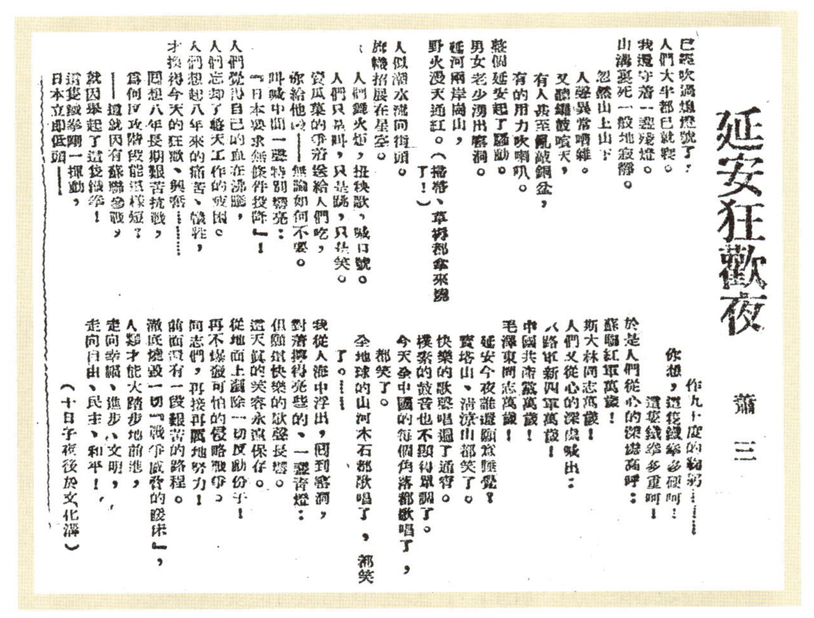

延安狂歡夜

蕭三

已經吹過熄燈號了；
人們大半都已就寢。
我還守着一盞殘燈。
山溝裏死一般地寂靜。
忽然山上山下
人聲異常嘈雜。
又聽鑼鼓喧天，
有人甚至亂敲銅盆，
有的用力吹喇叭。
整個延安起了騷動。
男女老少湧出窰洞。
延河兩岸崗山，
野火漫天通紅。（掃帚、草[illegible]都拿來燒了！）
人似潮水湧向街頭。
旗幟招展在星空。
人們舉火炬，扭秧歌，喊口號。
人們只是叫，只是跳，只是笑。
賣瓜棗的爭着送給人們吃，
你給他錢——無論如何不要。
叫喊中間一聲特別響亮：
「日本要求無條件投降」！
人們覺得自己的血在沸騰，
人們忘卻了整天工作的疲困。
人們想起八年來的痛苦、犧牲，
才換得今天的狂歡、興奮……
回想八年長期艱苦抗戰，
爲何反攻階段能這樣短？
——這就因有蘇聯參戰，
就因舉起了這隻鐵拳！
這隻鐵拳剛一揮動，
日本立即低頭——
作九十度的鞠躬……
你想，這隻鐵拳多硬呵！
這隻鐵拳多重呵！
於是人們從心的深處高呼：
蘇聯紅軍萬歲！
斯大林同志萬歲！
人們又從心的深處喊出：
八路軍新四軍萬歲！
中國共產黨萬歲！
毛澤東同志萬歲！
延安今夜誰還願意睡覺？
寶塔山、清涼山都笑了。
快樂的歌聲唱遍了通宵。
樸素的鼓音也不顯得單調了。
今天全中國的每個角落都歌唱了，
都笑了。
全地球的山河木石都歌唱了，都笑了。……
我從人海中浮出，回到窰洞，
對着撥得亮些的一盞青燈：
但願這快樂的歡聲長響。
這天真的笑容永遠保存。
從地面上剷除一切反動份子！
再不爆發可怕的侵略戰爭。
同志們，再接再厲地努力！
前面還有一段艱苦的路程。
徹底燒毀一切「戰爭威脅的溫床」，
人類才能大踏步地前進，
走向幸福、進步、文明，
走向自由、民主、和平！
（十日子夜後於文化溝）

《解放日报》1945年8月15日刊载的文章《延安狂欢夜》

8月14日，日本正式照会中、美、英、苏四国，接受《波茨坦公告》。15日，日本广播天皇裕仁的《停战诏书》，宣布无条件投降。

8月16日，延安《解放日报》上刊登的一篇文章记录了15日延安军民欢庆胜利时的诸多细节：

昨日上午日皇宣布无条件投降的消息传出后，全市轰动，万人欢腾，街上张灯结彩，国旗飘扬，各处黑板报上都用大字报道消息。晚间东南北各区到处举行火炬游行，全市灯火辉煌，欢呼声从各处发出；霎时，鼓乐喧天，无数火炬照亮山岭河畔。机关与群众的乐队、秧歌队，纷纷出发游行。新市场的商人来回奔跑欢呼报信，寻找着柴棍，扎起火炬，参加游行。当实验工厂、联政宣传队、大众剧院、延大、完小等十余秧歌队在新市场十字街口汇合时，市民高呼："中华民族解放万岁!""苏联红军胜利万岁!""动员起来支援前线，保卫边区!""制止蒋介石发动内战!"声震山谷，斯大林元帅、毛主席、朱德总司令的巨幅画像在熊熊火炬中高高举起……

9月2日，在东京湾的美国"密苏里"号战列舰上，日本代表在投降书上签字。同日，陕甘宁边区政府为了庆祝抗战，决定各机关、团体、学校、部队于9月3日、4日、5日放假三天，并决定于5日举行庆祝抗战胜利大会。9月3日，身在重庆的毛泽东为《新华日报》题词"庆祝抗日胜利，中华民族解放万岁"。

9月5日下午，延安各界2万余人在南关大操场举行庆祝大会，朱德、林伯渠等出席。朱德发表讲话强调，抗日战争的胜利，是依靠全中国人民的努力、军队的英勇作战和同盟国的帮助取得的。"会场锣鼓喧天，彩旗飘舞，人们高呼'抗日战争胜利万岁''中国人民团结起来，争取和平民主'的口号，气氛十分热烈。"

在中国共产党倡导建立的抗日民族统一战线旗帜下，中国人民经过艰苦卓绝的浴血奋战，打败了日本侵略者，迎来了近代以来中国抗击外敌入侵的第一次完全胜利，捍卫了国家主权和领土完整，促进了中华民族的觉醒和团结，孕育形成了伟大抗战精神。

3 人民需要和平

抗日战争胜利后，中国国内的阶级矛盾逐渐上升为社会主要矛盾，国民党在美国的支持下准备发动内战，为了给备战争取充分时间，蒋介石玩弄假和平、真内战的阴谋，先后三次电邀毛泽东赴重庆共商国是。8 月 14 日，蒋介石给毛泽东发来电报：

> 倭寇投降，世界永久和平局面，可期实现，举凡国际国内各种重要问题，亟待解决，特请先生克日惠临陪都，共同商讨，事关国家大计，幸勿吝驾，临电不胜迫切悬盼之至。

8 月 16 日，毛泽东给蒋介石复电：

> 未寒电悉。朱德总司令本日午有一电给你，陈述敝方意见，待你表示意见后，我将考虑和你会见的问题。

8月20日，蒋介石第二次给毛泽东发来电报：

来电诵悉，期待正殷，而行旌迟迟未发，不无歉然。朱总司令电称一节，似于现在受降程序未尽明了。查此次受降办法，系由盟军总部所规定，分行各战区，均予依照办理，中国战区亦然，自未便以朱总司令之一电破坏我对盟军共同之信守。朱总司令对于执行命令，往往未能贯彻，然事关对内妨碍犹小，今于盟军所已规定者亦倡异议，则对我国家与军人之人格将置于何地。朱总司令果为一爱国爱民之将领，只有严守纪律，恪遵军令，完成我抗战建国之使命。抗战八年，全国同胞日在水深火热之中，一旦解放，必须有以安辑之而鼓舞之，未可蹉跎延误。大战方告终结，内争不容再有，深望足下体念国家之艰危，悯怀人民之疾苦，共同勠力，从事建设，如何以建国之功收抗战之果，甚有赖于先生之惠然一行，共定大计，则受益拜惠，岂仅个人而已哉。特再驰电奉邀，务恳惠诺为感。

8月22日，毛泽东再次给蒋介石复电：

从中央社新闻电中，得读先生复电，兹为团结大计，特先派周恩来同志前来晋谒，到后希予接洽为恳。

8月23日，蒋介石第三次给毛泽东发电：

未养电诵悉，承派周恩来先生来渝洽商，至为欣慰。惟目前各种重要问题，均待与先生面商，时机迫切，仍盼先生能与恩来先生惠然偕临，则重要问题，方得迅速解决，国家前途，实利赖之。兹已准备飞机迎迓，特再驰电速驾！

蒋介石坚持邀请毛泽东赴重庆谈判，并每次都把他给毛泽东的电报在报刊、广播中大肆宣传，如果毛泽东不去谈判，国民党就会把发动内战、不愿和谈的罪名加在中国共产党头上。

1945 年 8 月 28 日，毛泽东离开延安赴重庆谈判

有鉴于此，1945 年 8 月 23 日，中共中央政治局召开扩大会议，讨论蒋介石的邀请问题。毛泽东认为：现在抗日战争已经结束，进入和平建设阶段，我们现在的口号是和平、民主、团结。和平是能够取得的，苏、美、英需要和平，人民需要和平，我们需要和平。国民党也不能下决心打内战，因为摊子未摆好、兵力分散、内部有矛盾，蒋介石想消灭共产党的方针是不会改变的，他所以能采取暂时的和平，

是因为上述诸条件约束着。因此，中共中央决定，前往重庆争取任何一丝可能的和平。8 月 24 日，毛泽东给蒋介石复电：“鄙人极愿与先生会见，商讨和平建国之大计。俟飞机到，恩来同志立即赴渝晋谒，弟亦准备随即赴渝。晤教有期，特此奉复。”

枣园中央书记处礼堂旧址

8 月 26 日，中共中央下发《关于同国民党进行和平谈判》的党内通知，指出：苏、美、英都不希望中国发生内战，加之我党提出了和平民主团结的主张，派毛泽东、周恩来和王若飞去重庆与蒋介石商议建国大计，反动派要进行全国内战的阴谋，“可能被挫折下去”。共产党对与国民党之间的谈判是有诚意的，是为着人民的利益的。“我方亦准备给以必要的不伤害人民根本利益的让步”。同日，毛泽东在中共中央政治局会议上发表讲话，指出：谈判是要有一定让步的，“只有在不伤害双方根本利益的条件下才能达到妥协。我们准备让步的第一批地区是广东至河南的根据地，第二批是江南的根据地，第三批是江北的根据地，这要看谈判的情况，在有利条件下是可以考虑让步的”。8 月 27 日，中共中央电告各中央局、分局，各区党委：“在毛离延期间，刘少奇同志代理主席职务。”8 月 28 日，毛泽东在美国驻华大使赫尔利、蒋介石代表张治中的陪同下，偕周恩来、王若飞等来到重庆，与蒋介石谈判。10 月 10 日，国共两党签订《政府与中共代表会谈纪要》，即“双十协定”。该会谈纪要列入关于和平建国的基本方针、政治民主化、国民大会、人民自由、党派合法化、特务机关、释放政治犯、地方自治、军队国家化、解放区地方政府、奸伪、受降 12 个问题。这 12 个问题中仅少数几条达成协议，在军队、解放区政权两个根本问题上没有达成协议。

10 月 11 日，毛泽东与蒋介石共进早餐后，乘车来到重庆九龙坡机场，在张治中的陪同下返回延安。对于毛泽东的重庆之行，新华社作了如下报道：

> 应邀赴渝商谈国是之中国共产党中央委员会主席毛泽东同志，已于十一日上午九时四十五偕王若飞同志飞返延安，周恩来同志仍留渝继续洽商。国民政府特派张治中陪送毛主席回延。到机场欢送者有陈诚、邵力子夫妇及张澜、郭沫若、茅盾等百余人，和谐热烈，颇极一时之盛。毛主席临行对蒋介石先生之邀请及各方招待之殷恳周到表示感谢，并祝望和平民主团结早日实现。但指出谈判前途仍有许多困难需待克服。毛主席于返延前，曾于九、十两日连续两度应蒋介石邀宴晤谈。九日蒋主席夫妇邀毛主席午餐，在座有宋子文、王世杰、张群、张治中、邵力子、周恩来、王若飞等。十日下午四时许，蒋主席并亲赴曾家岩张治中寓访毛主席，晤谈十分钟后，相偕乘车赴国府，出席庆祝招待外宾之鸡尾酒会。当日晚复应蒋主席之邀，赴山洞官邸畅谈，并即下榻于蒋主席官邸云。

4　蒋介石下山"摘桃子"

"双十协定"签订后，人民对民主和平满怀希望，但是蒋介石集团用一系列的行动证明了自己这个政权是完全违背人民意愿的。

早在 1945 年 8 月 10 日至 11 日，蒋介石就发布了三道命令：令"第十八集团军所属部队，应就原地驻防待命，勿再擅自移动"（这里的第十八集团军指的是国民革命军第八路军）；令"各地伪军，应就现驻地点负责维持地方治安"；令各战区"以主力挺进解除敌军武装"。对此，中共中央进行了针锋相对的斗争。8 月 10 日，中共中央发出《关于苏联参战后准备进占城市及交通要道的指示》（以下简称《指示》）。《指示》认为：苏军参战后，日军可能继续抵抗，也可能投降。命令即刻调动所有力量，向日伪军发动广泛的进攻，"迅速扩大解放区，壮大我军"，并准备在日本宣布投降时，能够快速收复被我方包围以及力所能及的大小城市和交通要道，正规军占领大城市与交通要道，游击队、民兵进占小城镇。日军投降后，责令其在一定期限内投降缴械。11 日，中共中央发出《关于日本投降后我党任务的指示》，强调：集中兵力迫使日伪军投降，拒不投降者，“按具体情况发动进攻，逐一消灭之，猛力扩大解放区”，收复所有可能和必须收复的大、小城市及交通要道，收缴敌伪的武器、资源，同时放手发动和武装人民群众。13 日、16 日，毛泽东起草了两份第十八集团军总司令致蒋介石公开电。13 日的电文称：“在你给我们的命令上说‘所有该集团军所属部队，应就原地驻防待命’，还有不许向敌人收缴枪械一类的话。”如今日军还没有真正投降，每时每刻都在杀中国人，在和中国军队、苏美英的军队作战，苏联、美国和英国的军队也时刻在与日军作战，“为什么你叫我们不打了呢?”“这个命令你是下错了，并且错得很厉害，使我们不得不向你表示：坚决拒绝这个命令。”因为此命令，很不公道，更有悖于民族利益。只会对日本法西斯及汉奸们有好处。16 日的电文指出：如今日本即将投降签字，而“你在八月十一日叫我的军队‘就原地驻防待命’，不打敌人了”“又命令你的军队以收缴敌人枪械为借口大举向解放区压迫”。

此外，8 月 13 日，毛泽东在延安干部大会上讲道：“桃子该由谁摘？这要问桃树是谁栽的，谁挑水浇的。蒋介石蹲在山上一担水也不挑，现在他却把手伸得老长老长地要摘桃子。他说，此桃子的所有权属于我蒋介石，我是地主，你们是农奴，我不准你们摘。”讲到这里，台下一阵大笑。毛泽东接着说：“我们说，你没有挑过水，所以没有摘桃子的权利。我们解放区人民天天浇水，最有权利摘的应该是我们。”

8 月 16 日，毛泽东撰写了《评蒋介石发言人谈话》一文，文章写道：

在中国，有这样一个人，他叛变了孙中山的三民主义和一九二七年的大革命。他将中国人民推入了十年内战的血海，因而引来了日本帝国主义的侵略。然后，他失魂落魄地拔步便跑，率领一群人，从黑龙江一直退到贵州省。他袖手旁观，坐待胜利。果然，胜利到来了，他叫人民军队“驻防待命”，他叫敌人汉奸“维持治安”，以便他摇摇摆摆地回南京。只要提到这些，中国人民就知道是蒋介石。蒋介石干了这一切，他是不是人民公敌的问题，是否还有争论呢？争论是有的。人民说：是。人民公敌说：不是。只有这个争论。至于人民群众里，这样的争论是越来越少了。现在成为问题的，是这个人民公敌，要打内战了。

8 月 20 日，中央军委电示山东分局、平原分局、冀鲁豫分局和冀察晋分局：苏军占领东北，国民党军队意图争夺东北。中央决定由山东调配 2 个团，从冀鲁豫和冀中各调配 1 个团，共 4 个团，由万毅率领，开赴东北，每团官兵不得少于 1 500 人。必要的地方工作干部，也由万毅带去。“必须明确宣布去东三省之任务（乘红军占领东北期间和国民党争夺东北）。”另外，从陕甘宁边区调配 1 个团，晋绥军区调配 3 个团，中央调配 1 个干部团，共 5 个团，由吕正操和林枫率领，开赴东北。8 月 22 日，中共中央、中央军委发出《关于改变战略方针的指示》，指示各党委、各军区：苏联受中苏条约的限制和为维持远东的和平，不会援助我们，“蒋介石利用其合法地位接受敌军投降，敌伪只能将大城市及交通要道交给蒋介石”。在这种情况下，我们要改变方针，除可占领个别地方外，“一般应以相当兵力威胁大城市及要道，使敌伪向大城要道集中，而以必要兵力着重于夺取小城市及广大乡村，扩大并巩固解放区，发动群众斗争，并注意组训军队”。同时对大城市的工作作出指示：“积极派人去发动群众，争取伪军，出版报纸，布置秘密工作，争取我党在城市中的地位。”

1945 年 9 月，中共中央明确提出“向北发展，向南防御”的战略方针，抽调 11 万军队和 2 万名干部进入东北，争取控制具有重要战略地位的东北地区。与此同时，各解放区军民对国民党的军事进犯坚决反击。刘伯承、邓小平指挥晋冀鲁豫部队取得上党战役的胜利。人民军队连续进行邯郸、平绥、津浦三个战役，共歼敌 10 万余人，阻滞了国民党军深入华北、进军东北的行动。

在中国共产党的争取和美国总统特使马歇尔的调停下，蒋介石不得不同意中国共产党提出的建议，签订停战协定，并于 1946 年 1 月 10 日至 31 日在重庆召开政治协商会议。会议参加者有国民党代表 8 人，共产党代表 7 人，民主同盟代表 9 人，青年党代表 5 人，无党派人士 9 人，共 38 人。经过激烈地讨论，会议通过了关于和平建国纲领、军事问题、国民大会、宪草问题、改组政府五项协议。

中共参加政治协商会议代表团部分成员合影

（左起：陆定一、周恩来、邓颖超、董必武、王若飞）

在完成内战准备后，1946 年 6 月 26 日，蒋介石悍然撕毁停战协定，以 193 个旅 158 万兵力，向各解放区发动了全面进攻，全面内战爆发。

全面内战爆发后，尽管陕甘宁边区暂未遭到国民党反动派的大规模进攻，但受到的局部进攻却接连不断。早在 1946 年 5 月 18 日，胡宗南就将自己精心拟定的《攻略陕北作战计划》呈报蒋介石，主张集中大量兵力，实施直捣延安、“犁庭扫穴”的闪击行动，一举攻占陕甘宁边区，消灭中共中央。蒋介石鉴于此时军事进攻的重心在东北、华北、苏北和中原地区，故将攻占陕北留作最后一手，命胡宗南“暂缓”，同时要求胡宗南部不得松懈，加紧战争准备，随时待命。7 月，胡宗南在西安召开营以上军官会议，进行战争动员，并对进攻边区的军事行动预作部署。同时，先后调集 17 个整编旅及 5 个保安团共约 18 万人马，集结南线以积极进攻姿态待命，准备伺机突袭关中和陇东两分区，然后闪击延安。8 月 2 日，国民党空军 8 架飞机飞临延安上空进行侦察和轰炸，在市区投弹 11 枚，机枪扫射子弹万余发。8 月 19 日，蒋介石的代言人公然宣称，今后将对延安采取“自由行动”。10 月，宁夏马鸿逵、榆林徐之佳和西安胡宗南又奉命赴南京参加蒋介石亲自召集的秘密军事会议，研究制定由南、北、西三面分进合击陕甘宁边区的作战方案。

华君武于 1947 年在哈尔滨创作的漫画《磨好刀再杀》

此后，胡宗南除空运第三十六师第二十八旅的第八十三团增援榆林外，又调正在山西打内战的整编第一师和第九十师西渡黄河，集结于宜川、韩城地区积极待命。南线中、西段的胡宗南军，也分头向边区关中分区的淳耀、延属分区的富县烛子沟、陇东分区的西峰镇等地发动进攻。其具体布局是：南线，有胡宗南部整编第三十六师、第一师、第九十师、第七十六师和第十七师等共 14 个整编旅，陕西保安团 4 个，甘肃保安团 4 个，空军大队 2 个，独立炮兵团 2 个，工兵团 2 个，装甲兵团 1 个；西线，有马鸿逵部整编第十八师、第八十一师共 5 个整编旅，西北行营所属整编旅 2 个，宁夏保安团 7 个；北线，有整编第八十六师和重新组建的第十一旅，以及整编第三十六师的 1 个团。此外，还有陕、甘、宁三省地方反动武装予以协同配合。仅 7 月至 11 月，国民党军对边区的大小进攻行动就达 70 余次。

为配合正规部队的军事进攻，陕、甘、宁三省国民党党政特警等不遗余力地对边区进行种种破坏捣乱活动。他们派遣特务、土匪潜入边区，散布谣言，蛊惑人心，刺探军情，收买奸细，抢劫暗杀，密建据点，甚至内外勾结，阴谋暴乱。

全面内战爆发后，面对国共双方在军队数量、军事装备、外来援助等方面的悬殊差距，1946 年 8 月，毛泽东在同美国记者安娜·路易斯·斯特朗的谈话中提出“一切反动派都是纸老虎”的著名论断，要求必须在战略上藐视敌人，敢于斗争，敢于去夺取最后胜利。

光明在前

1947年年初，国民党军的全面进攻失败，开始重点进攻陕北和山东两个解放区，3月18日，中共中央撤离延安。中共中央和毛泽东转战陕北历时一年零五天，途经延安、延川、清涧、子长、绥德、子洲、靖边、安塞、横山、米脂、佳县、吴堡12个县数百个村镇，住过30多个村庄，行程1 000多千米。以毛泽东为首的中共中央和解放军总部留在陕北指导全国的解放战争，可以以少量的兵力吸引和歼灭胡宗南军的大量主力部队，有利于支援其他战场特别是晋冀鲁豫战场解放军的作战，并可鼓舞全国各解放区军民的战斗意志和胜利信心，尤其是直接鼓舞了陕甘宁边区军民的战斗意志和胜利信心。在转战陕北的一年里，毛泽东发布了大量指示电报、通报，写了许多政策性文件和重要文章，其中收入《毛泽东选集》第四卷的文章共17篇。这些文章总结了一年以来的斗争经验，进一步发展了毛泽东思想。

1 要以一个延安换取全中国

从1946年7月到1947年2月，人民解放军在8个月内共歼灭国民党军队71万余人，蒋介石全面进攻解放区的计划彻底破产，被迫于3月初改为重点进攻山东解放区和陕甘宁边区。蒋介石将重点进攻陕甘宁边区的任务交给了拥有重兵的“西北王”胡宗南。胡宗南受命后，立即密调他在关中和晋南的嫡系部队15万人，向陕甘宁边区南部的洛川、宜川集结；令驻扎在关中地区的刘戡率领整编第二十九军所辖的整编第十七师、整编第三十六师、整编第七十六师，共计7个旅，秘密地向洛川、富县集结；令驻扎在晋南三角地带的董钊率领整编第一军所辖的整编第一师、整编第二十七师、整编第九十师，共计8个旅，加上配属的迫击炮营等部队，从运城出发，在禹门口渡过黄河，经过韩城附近，集结于宜川地区。同时，尚有青海马步芳、宁夏马鸿逵的7万“马家军”，榆林地区邓宝珊部

1 万人，分别从西、北两面出动，以配合胡宗南从南面进攻延安。胡宗南在秘密调集地面部队的同时，还要求国民党空军大力协助。1947 年 2 月 27 日、28 日，国民党政府通知中共中央驻南京、上海、重庆的办事处，限 3 月 5 日前撤离全部人员。

面对极其危急的形势，3 月 2 日，中央书记处开会讨论应对国民党军进攻延安的问题。3 月 6 日，中央军委就配合延安问题给刘伯承、邓小平发去指示，“我现布置内线纵深防御，可能迟滞十天时间，主要依靠陈谢从外线解围。估计陈谢五个旅切断潼洛必能引起变化，即使突入延安亦难持久，而陈谢在潼洛之行动又需你们积极援助”。3 月 8 日，延安各界举行有 1 万多人参加的保卫延安保卫陕甘宁边区动员大会，这也是延安军民的誓师会，大会的口号是“保卫延安，保卫毛主席，保卫陕甘宁边区”。林伯渠致开幕词后，朱德、周恩来、彭德怀、邓颖超和各界代表相继讲话。同日，《解放日报》《边区群众报》也分别发表社论，号召人民保卫边区，消灭胡宗南。面对进攻，中共中央积极应对，在延安以南布置了三道防线；又快速调回了参加西华池战斗的所有野战集团军，到富县茶坊一带阻击胡宗南军；召回正在晋绥解放区作战的晋绥野战军第二纵队，加强延安的防卫力量。3 月 10 日，中央军委致电张宗逊、习仲勋等人，要求“新四旅立即开延安，以两天行程赶到延安附近，保卫延安为要”。

1947 年 3 月 11 日上午，美军驻延安观察组撤离延安，下午，国民党飞机开始轰炸延安。12 日，刘少奇、朱德、任弼时、叶剑英等率领部分中共中央机关人员离开枣园，转移到子长县瓦窑堡。13 日，伴随着国民党空军 25 架飞机对延安的狂轰滥炸，胡宗南的地面部队从固临、富县分左右两路大举向北进攻。董钊指挥的固临右路军遭到

了解放军教导旅和警三旅第七团等组成的防御兵团的顽强阻击，刘戡指挥的富县左路军被西野第一纵队和新四旅阻击在咸榆公路的大、小崂山地区。至此，延安自卫战斗全面展开。16日，中央军委主席毛泽东发出关于保卫延安的命令。命令依然要求“坚决保卫延安”，而且指出保卫延安的关键在于“必须在三十里铺、松树岭线以南甘泉、南泥湾、金盆湾地区再抗击十天至两星期（十六日至二十九日）才能取得外线配合粉碎胡军进攻延安企图”。

但到3月18日，中共中央决定撤离延安，中共中央和延安各机关以及团体、学校等安全转移，并帮助群众坚壁清野、疏散牛羊等，而沿金（盆湾）延（安）公路进攻的胡宗南军右路兵团仍未靠近延安市区，只推进到宝塔山以南地区，沿咸榆公路进攻的胡宗南军左路兵团也只刚刚越过大、小崂山。当日晚上8时左右，毛泽东、周恩来等中共中央领导人才从容地撤离延安，向延川与清涧方向转移。在撤离延安前，毛泽东接见了前来参加保卫延安的人民解放军部分领导干部，对他们说：“敌人要来了，我们准备给他打扫房子。我军打仗，不在一城一地的得失，而在于消灭敌人的有生力量。存人失地，人地皆存；存地失人，人地皆失。敌人进延安是握着拳头的，他到了延安，就要把指头伸开，这样就便于我们一个一个地切掉它。要告诉同志们：少则一年，多则二年，我们就要回来，我们要以一个延安换取全中国。”

3月19日上午，延安防御兵团血战7个昼夜，在取得以伤亡691人的代价换得歼敌5 000余人的战果后，主动向延安东北撤离，给胡宗南军队留下一座空城。

毛泽东在转战陕北途中

在中共中央撤离延安后，1947 年 3 月 20 日的国民党《中央日报》头版头条刊载胡宗南所发的《国军收复延安，生俘共军一万余人》电讯。同日，该报刊载了《国军解放延安》的社论。社论为了掩盖侵犯陕北的罪行，称“国军本无意进攻延安，一直延到本月 13 日，共军贺龙、陈赓率部十二万余人，由陕北出发对西安采钳形攻击的后两天，才决定于迎头痛击之余，更进一步去解放延安”。胡宗南部队进入延安后，南京国防部开始组织中外记者团前往延安采访，以扩大新闻宣传，各主要报刊均积极争取派人前往。4 月 3 日，中外记者团由南京起飞，4 月 4 日到达延安采访。而胡宗南则从他的部队中抽出人员化装成战俘，用自己的枪支假冒战利品，设立“战绩陈列室”，又在延安建造假坟，以充“阵亡将士”之墓。

1947 年 3 月 25 日，毛泽东与朱德、刘少奇、周恩来、任弼时等人在子长县王家坪会合。在这里，毛泽东听取了任弼时对山西文水县云周西村妇救会秘书、中共候补党员刘胡兰牺牲情况的汇报，深为感动，挥笔写下“生的伟大，死的光荣”。当日晚，在子长县任家山，书记处就中共中央的去留问题召开紧急会议，朱德、刘少奇、周恩来、任弼时四位书记意见较为一致：毛泽东率领党中央和人民解放军总部到黄河以东的晋西北或晋绥解放区，在那里可以安全地指挥全国的解放战争。毛泽东则说：“长征后，我们党像小孩子生了一场大病一样，是陕北的小米、延河的水滋养我们恢复了元气。在人民最需要我们的时候，怎么能离开他们？陕北问题不解决，我决不过黄河！”对此，周恩来提出三种意见：一是几个人都过黄河，党中央放在晋西北；二是我们几个都不过黄河，党中央坚持在陕北；三是我们几个人分成两部分，一部分过黄河，一部分留在陕北，直接指挥陕北战斗和全国的解放战争。毛泽东认为第三种意见好，“鸡蛋不要放在一个篮子里”。

1947 年 3 月 27 日，毛泽东复电彭德怀：“中央决定留在陕北不走。”同日，毛泽东致贺龙、李井泉并告彭德怀、习仲勋电：“中央率数百人在陕北不动，这里人民、地势均好，甚为安全。目前主要敌人是胡宗南，只要打破此敌，即可改变局面，而打破此敌是可能的。”3 月 28 日，中共中央决定留在陕北。3 月 29 日，中共中央在陕北清涧县枣林沟村召开会议，讨论中央书记处的工作分工问题。会议决定：成立中央前敌委员会（简称“中央前委”），由中央书记处的三位书记毛泽东、周恩来、任弼时率领，继续留在陕甘宁边区，代表中央指挥全国的解放战争；成立中央工作委员会（简称“中央工委”），由中央书记处的另两位书记刘少奇、朱德率领，刘少奇为中央工委书记，朱德为副书记，董必武、彭真等四人为常委，伍云甫为秘书长。会议前一天，中共中央还成立了后方委员会，以叶剑英为书记，杨尚昆为副书记和后方支队司令，转移到晋绥解放区临县，负责收集情报；成为中央工委和全国各战场的联络中心，人员和物资的中转站；

负责对外宣传和出版外事资料等。对于中央前委，毛泽东的要求是“班子要小而精，人员由中央有关部门选留”。3 月 31 日，胡宗南军占领清涧县城。当日上午，毛泽东向中央机关和总部工作人员宣布了中央划分为前委、工委和后委的决定，并与大家商定了前委和总部主要领导成员的代号：中共中央（即前委）——亚洲部，毛泽东——李德胜，周恩来——胡必成，任弼时——史林。下午，中共中央领导人乘汽车离开枣林沟向北到绥德田庄。在这里，刘少奇、朱德等与毛泽东、任弼时等告别后，继续乘汽车前往河东华北；毛泽东、任弼时、陆定一等则骑马向西行进，以毛泽东为首的中央前委从此成了“马背中央”。

2 与边区全体军民共同奋斗

从 1947 年 3 月间转战陕北以来，以毛泽东为首的中共中央虽然没有被敌军发现行踪，但与敌军的距离却很近，有时只相隔一座大山，常常处于险境之中。然而，就在这样危难的转战中，以毛泽东为首的中共中央首脑机关却继续出色地领导着全国的革命斗争，奇迹般地指挥了全国的解放战争。

从 1947 年 3 月 25 日至 5 月 4 日，西北野战军在彭德怀的指挥下先后进行了青化砭、羊马河、蟠龙战役，三战三捷，共歼敌 1.4 万余人，狠狠地打击了胡宗南集团的嚣张气焰，稳定了西北战局，增强了陕甘宁边区军民胜利的信心，为粉碎敌人对陕北的重点进攻奠定了基础。5 月 12 日，新华社播发社评，指出“蒋介石最后的一张王牌，现在在陕北卡着了，进又进不得，退又退不得，胡宗南现在是骑上了老虎背”。5 月 14 日，有 5 万多军民参加的祝捷大会在安塞县政府驻地真武洞马王庙滩举行，周恩来、陆定一、马明芳、贾拓夫等人在西北野战军司令员彭德怀、副政委习仲勋及安塞县委书记贺兴旺的陪同下观看了我军缴获的战利品，并检阅了西北野战军主力部队、地方部队、民众游击队和担架队。大会由王震主持，周恩来副主席代表中共中央向边区军民所获得的胜利表示祝贺，并公开宣布："毛泽东同志与中共中央，自从放弃延安以后一直留在陕北，与边区全体军民共同奋斗。"周恩来的讲话极大地鼓舞了边区全体军民战胜敌人的信心和决心。

4 月 13 日至 6 月 8 日，中共中央和毛泽东、周恩来、任弼时居住在安塞县的王家湾。延安中学学生、任弼时的女儿任远志在随校转移途中受伤后来到父亲身边。一个月后，当她要离开王家湾东渡黄河时，毛泽东在任远志的笔记本上用铅笔写下了"光明在前"四个大字。

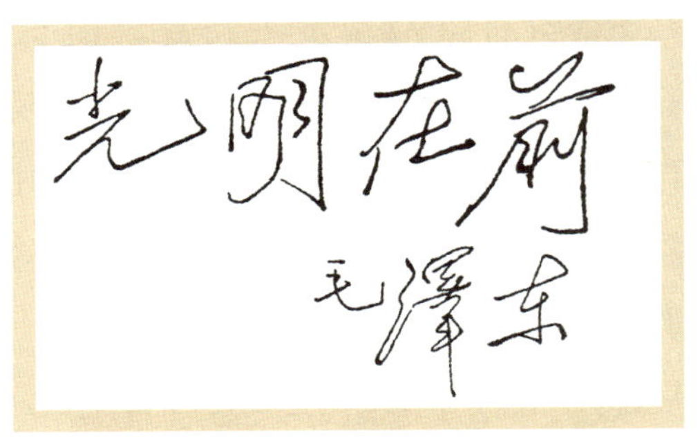

1947 年，毛泽东给任远志的题词

三战三捷后，西北野战兵团经过短期休整，于 1947 年 5 月 21 日组成左、中、右三路大军，自安塞一带向陇东挺进，向侵占陇东分区的青海马步芳、宁夏马鸿逵部队发起进攻。陇东战役胜利后，西北野战军又进行了安边、定边、靖边三边战役，6 月 15 日，王震率领二纵队收复三边。

1947 年 7 月 21 日至 23 日，中央前委在靖边县小河村举行了扩大会议。周恩来在会上总结了人民解放军在战争第一年取得的成绩，分析了敌我双方军事实力的消长趋势，指出敌军在建制、人员、武器等方面都损失了约三分之一，战斗力已大大削弱，这就为我们争取战争的最后胜利奠定了基础。毛泽东作了重要讲话，首次提出对蒋介石的斗争计划用五年来解决的设想。会议还研究了在全国由战略防御转入战略进攻的形势下的许多重要问题，如各解放区配合作战、土地改革、后勤保障的问题，特别是决定刘邓大军向大别山跃进，陈谢兵团南渡黄河西出豫西，陈粟兵团南下鲁西南，实施“三军配合，两翼牵制，中央突破”的战略进攻方针，揭开了人民解放军战略反攻的序幕。

根据小河会议精神，为调动胡宗南部队北上，以利太岳纵队南渡出击豫西，西北野战军决定北上围攻榆林城。1947 年 8 月 6 日到 9 日，西北野战军第一、二纵队，新四旅，教导旅先后攻占了横山、响水堡等城镇和榆林飞机场、镇北台、无量殿、金刚寺等重要地点，完成了对榆林城的包围。5 日至 10 日，第三纵队攻占了高家堡，歼守军第八十六师第二五六团 1 600 余人，俘陕北警备司令部少将副司令张子英及第二五六团正副团长李含芳、崔日骏等 1 400 余人。12 日，胡宗南军一部已进至榆林城西南的苏庄子、天鹅海子一带。由于攻取榆林城没有把握，而诱调胡宗南军北上的目的已达到，西北野战军于 12 日凌晨果断放弃攻打榆林城，集结到榆林县东南和米脂沙家店以北地区，待机歼敌。

西北野战军撤围榆林后，为避免各后方机关及医院遭受损失，遵照毛泽东的指示，贺龙、习仲勋率领西北局、边区政府和联防军机关于 1947 年 8 月 18 日渡过黄河。这一行动，使国民党军产生了误判。胡宗南认为西北野战军攻榆林不克，损失巨大，“仓皇逃窜”，势将东渡黄河，据此，他令整编第二十九军军长刘戡率5个旅向佳县急进；令钟松的整编第三十六师向镇川堡方向前进，“协同整二十九军压迫‘彭匪’主力于佳县附近黄河地障而歼灭之”。敌人的行动，特别是敌整编第三十六师的迅速南下，使毛泽东、周恩来等率领的中共中央机关和西北野战军被挤压在佳县、米脂、榆林三县间的狭小地区内，不仅西北野战军回旋余地小，而且中共中央领导机关的处境也异常危险。为保障中共中央的安全，彭德怀一面派许光达率第三纵队到乌龙埔、曹庄一带接应；一面急电中央军委，请毛泽东率中央机关向野战军主力靠近。同时，他还派部队进行侦察，准备粉碎胡宗南的合围计划。

彭德怀判断，敌整编第三十六师主力必将经沙家店地区东进，遂决心在刘戡、钟松两部夹击之势尚未形成之前，利用整编第三十六师一字摆开、孤军冒进的有利时机，以伏击手段在沙家店地区歼灭该敌，粉碎胡宗南的企图，并报告了中央军委，得到了中央军委的同意。8月19日晚，整编第三十六师通过沙家店，并逐渐进入解放军的伏击圈。而要打沙家店战役，西北野战军面对的最大的困难是缺少粮食。据记载，8月20日或21日，在佳县梁家岔，毛泽东与佳县县委书记张俊贤有这样一段对话：

毛泽东：“粮食怎么办？”

张俊贤：“打榆林时，大部分粮食都拿出来支援了。现在只有车会仓库存的20石粮没动，通秦寨还有一部分粮食。”

毛泽东：“杯水车薪，不够不够！”

张俊贤：（想了想）“不够吃，杀羊。”

毛泽东："你有多少只羊?"

张俊贤："羊还多呢，佳县北区的羊比南区的多。"

毛泽东："羊吃完了咋办?"

张俊贤：（想了想）"羊吃完了，杀驴。"

毛泽东：（笑了）"卸磨杀驴。你把驴都杀了，今后老百姓种地咋办?"

张俊贤："只要能打败胡宗南，我们用镢头掏地也能种进去。"

毛泽东："毛驴不能杀。一个粮、一个羊，你都拿出来，毛驴万万不能杀。"

张俊贤："不行的话，看看山上的庄稼能不能吃。"

毛泽东："再坚持一个礼拜的供应就行了。"

在战役打响后，佳县群众组成的支前队伍扛着拉着从各家各户凑来的粮食、驴和羊，解放军打到哪里，他们就一步不离地跟到哪里。据后来一些人回忆，战后很长时间内，这个县都看不到羊和驴。1948年10月，作家柳青回到陕北，深入到米脂县，以著名的沙家店战役中的一个粮店支前为题材，用8个多月的时间，广泛征集了长篇小说《铜墙铁壁》的素材。1949年，柳青于秦皇岛完成了这部著作。《铜墙铁壁》后来被改编为电影《沙家店粮站》，歌颂了陕北人民对解放战争的全力支援。

沙家店战役，共毙伤俘敌6 000余人，粉碎了国民党军对陕北的重点进攻，从根本上扭转了西北战局，使陕北的战略形势基本稳定，也为中共中央领导机关创造了一个安全的环境。彭德怀说，"这是陕北战局的转折点""基本上改变了敌我形势"。毛泽东也高度评价了沙家店战役的胜利，指出：“沙家店这一仗确实打得好，对西北战局有决定意义，最困难的时期已经过去了，用我们湖南话来说，打了这一仗，就过坳了。”新华社则评论说：“三十六师的被歼，标志着人民解放军在西北战场上业已开始反攻，蒋介石因进占延安而在战略上所犯的重大错误，现在已到自食其果的时候。”

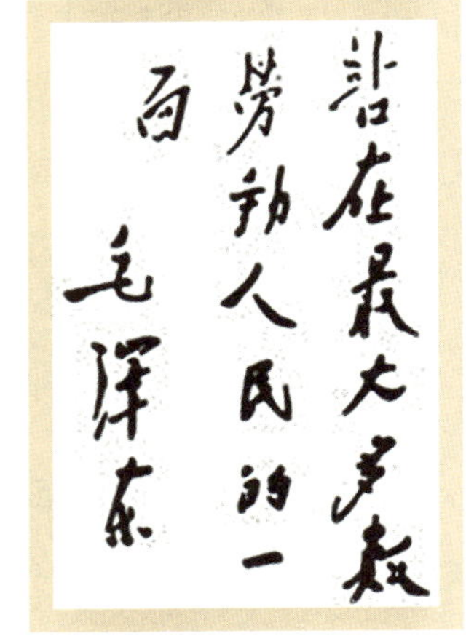

毛泽东题词

10 月 18 日清晨，毛泽东应佳县县委书记张俊贤的请求，在白市布（一种布料）上挥笔写下“站在最大多数劳动人民的一面”的光辉题词。这一题词的内容，是延安时期中国共产党人马克思主义的立场、观点、方法的生动体现，是党的成熟的群众路线的生动体现，是党从人民大众中获取磅礴力量，不断从胜利走向更大胜利的根本原因。

3 解放全中国

为了便于同各方面联系和解决供应问题，中共中央机关于 1947 年 9 月 23 日驻扎到佳县的神泉堡。在这里居住期间，毛泽东、周恩来、任弼时、陆定一等沿着石阶爬到白云山顶的白云观参观。10 月 18 日，毛泽东在佳县县委书记张俊贤的陪同下前往白云山，看到白云山的古建筑物后赞叹不已，对张俊贤说："这些都是文化遗产，都要保存下来，不要毁了，你明天就出个布告要保护。"10 月 22 日（农历九月初九），毛泽东、周恩来、任弼时再次来到白云山。张俊贤和白云观道长带领毛泽东一行看了一场晋剧《反徐州》。当时道长请毛泽东坐中间，可毛泽东说自己个高，坐中间会挡住后面的人看戏，便站在老乡后面。

1947 年 10 月 10 日，距国共两党签订"双十协定"已整整两年，中共中央在神泉堡向全国发表了《中国人民解放军宣言》。宣言分析了当时的国内政治形势，指出："蒋介石二十年的统治，就是卖国独裁反人民的统治。到了今天，全国绝大多数人民，地无分南北，年无分老幼，都认识了蒋介石的滔天罪恶，盼望本军从速反攻”，宣言响亮地提出了“打倒蒋介石，解放全中国”的口号，旗帜鲜明地提出了中国人民解放军和中国共产党的八项政策：

> 一、联合工农兵学商各被压迫阶级、各人民团体、各民主党派、各少数民族、各地华侨和其他爱国分子，组成民族统一战线，打倒蒋介石独裁政府，成立民主联合政府。
>
> 二、逮捕、审判和惩办以蒋介石为首的内战罪犯。
>
> 三、废除蒋介石统治的独裁制度，实行人民民主制度，保障人民言论、出版、集会、结社等项自由。
>
> 四、废除蒋介石统治的腐败制度，肃清贪官污吏，建立廉洁政治。
>
> 五、没收蒋介石、宋子文、孔祥熙、陈立夫兄弟等四大家族和其他首要战犯的财产，没收官僚资本，发展民族工商业，改善职工生活，救济灾民贫民。
>
> 六、废除封建剥削制度，实行耕者有其田的制度。
>
> 七、承认中国境内各少数民族有平等自治的权利。
>
> 八、否认蒋介石独裁政府的一切卖国外交，废除一切卖国条约，否认内战期间蒋介石所借的一切外债。要求美国政府撤退其威胁中国独立的驻华军队，反对任何外国帮助蒋介石打内战和使日本侵略势力复兴。同外国订立平等互惠通商友好条约。联合世界上一切以平等待我之民族共同奋斗。

同时，中共中央发表了《中国人民解放军总部关于重新颁布三大

纪律八项注意的训令》，公布了《中国人民解放军口号》《中国土地法大纲》《中共中央关于公布土地法大纲的决议》等重要文件。

1947 年 11 月 22 日下午，中共中央来到米脂县杨家沟。这是一个全国罕见的地主集中的村庄，在 20 世纪 40 年代，全村的 240 多户人家中，仅地主就有 55 户，土地改革时甚至达到了 72 户，占有周围四五个县的大片土地。1942 年秋冬，时任中央书记处书记兼中共中央宣传部部长的张闻天带领延安农村调查团进驻杨家沟，形成了著名的《米脂县杨家沟调查》报告，得出了“杨家沟是全国罕见的一个地主经济条件集中的村庄”这样的结论。

杨家沟是毛泽东转战陕北时期居住时间最长、从事革命活动最多的地方。在这里，毛泽东进行了重要的革命理论研究工作，撰写了 40 余篇光辉著作，为中国革命的胜利指明了前进道路，为新中国的成立制定了政治、军事、经济等一系列纲领性文件。

米脂杨家沟旧貌

1947年12月11日，李鼎铭在杨家沟突发脑出血病故。1948年2月25日，边区政府为李鼎铭举行追悼会。中共中央、毛泽东、陕甘宁边区政府都送了挽词。中共中央的挽词为："李鼎铭先生在陕甘宁边区政府工作中做出了许多有益于人民的贡献，人民对他的功绩将永志不忘。"毛泽东的挽词为："李鼎铭先生与其他许多和李先生一样的开明绅士，在中国人民民族民主斗争的困难时期，在日本帝国主义者进攻中国时期，在美帝国主义者援助蒋介石匪帮举行反革命内战时期，抱着正义感毅然和中国共产党合作，为人民民主事业做出了许多有益的工作，一切反对帝国主义侵略、反对蒋介石独裁，赞助人民革命战争，同情消灭封建制度，实现土地改革的、真正爱国的、民主的开明绅士，无论在过去与现在都是中国民主革命统一战线的一分子。对于李鼎铭先生的逝世表示我们的哀悼之意。"毛泽东以陕甘宁边区政府名义题写的挽词为："抱正义感反独裁反内战反卖国大声疾呼为救国；以责任心倡精兵倡简政倡生产睿思远虑建边区。"

为了全面制定党的行动纲领，准备夺取全国胜利，1947年12月25日至28日，中共中央在杨家沟召开扩大会议，即"十二月会议"。会议主要讨论并通过了毛泽东所作的《目前形势和我们的任务》的书面报告。毛泽东在报告中深刻分析了国际国内形势，阐明了彻底打败蒋介石、夺取全国胜利的军事、经济、政治等方面的方针和政策。在军事方面，毛泽东总结了人民革命战争特别是18个月的解放战争的经验，提出了著名的十大军事原则：

> (1)先打分散和孤立之敌，后打集中和强大之敌。(2)先取小城市、中等城市和广大乡村，后取大城市。(3)以歼灭敌人有生力量为主要目标，不以保守或夺取城市和地方为主要目标。保守

或夺取城市和地方，是歼灭敌人有生力量的结果，往往需要反复多次才能最后地保守或夺取之。(4) 每战集中绝对优势兵力（两倍、三倍、四倍、有时甚至是五倍或六倍于敌之兵力），四面包围敌人，力求全歼，不使漏网。在特殊情况下，则采用给敌以歼灭性打击的方法，即集中全力打敌正面及其一翼或两翼，求达歼灭其一部、击溃其另一部的目的，以便我军能够迅速转移兵力歼击他部敌军。力求避免打那种得不偿失的、或得失相当的消耗战。这样，在全体上，我们是劣势（就数量来说），但在每一个局部上，在每一个具体战役上，我们是绝对的优势，这就保证了战役的胜利。随着时间的推移，我们就将在全体上转变为优势，直到歼灭一切敌人。(5) 不打无准备之仗，不打无把握之仗，每战都应力求有准备，力求在敌我条件对比下有胜利的把握。(6) 发扬勇敢战斗、不怕牺牲、不怕疲劳和连续作战（即在短期内不休息地接连打几仗）的作风。(7) 力求在运动中歼灭敌人。同时，注重阵地攻击战术，夺取敌人的据点和城市。(8) 在攻城问题上，一切敌人守备薄弱的据点和城市，坚决夺取之。一切敌人有中等程度的守备、而环境又许可加以夺取的据点和城市，相机夺取之。一切敌人守备强固的据点和城市，则等候条件成熟时然后夺取之。(9) 以俘获敌人的全部武器和大部人员，补充自己。我军人力物力的来源，主要在前线。(10) 善于利用两个战役之间的间隙，休息和整训部队。休整的时间，一般地不要过长，尽可能不使敌人获得喘息的时间。

在经济方面，报告明确提出新民主主义革命的三大经济纲领，即：没收封建阶级的土地归农民所有，没收垄断资本归新民主主义的国家所有，保护民族工商业。并阐明了实现这三大经济纲领的一系列具体政策。

在政治方面，报告重申了《中国人民解放军宣言》中提出的党的最基本的政治纲领："联合工农兵学商各被压迫阶级、各人民团体、各民主党派、各少数民族、各地华侨和其他爱国分子，组成民族统一战线，打倒蒋介石独裁政府，成立民主联合政府。""十二月会议"是在中国革命战争的历史转折关头召开的一次具有重大意义的会议。毛泽东在会议的结论中说，这是一次很成功的会议："二十年来没有解决的力量对比的优势问题，今天解决了。"会议所制定的政治、经济纲领，比起《新民主主义论》和《论联合政府》中提出的纲领有了进一步的发展。

形势的发展超出人们预想。1948 年 3 月初，全国各大战场捷报频传：清风店、石家庄两大战役共歼敌 4.4 万余人；胶东战役，解放军歼敌 6 万余人；东北联军歼敌 15 万余人；刘邓大军千里挺进大别山，歼敌 10 万余人，西北野战军在宜川瓦子街一举歼灭胡宗南部 3 万余人，刘戡所率的四个半旅被全部歼灭，其本人也被击毙。为了能直接掌握各大战区情况，统一领导，指挥作战，也为了更有利于几大书记共同研究制定下一步中国革命进程中的各项规划，党中央决定东渡黄河，向华北转移。

4　陕北是个好地方

1948 年 3 月底，陕北决定性的战斗已经结束，延安的解放也是指日可待，中共中央在陕北的战略任务已经完成。3 月 21 日，中共中央机关离开杨家沟，在绥德吉镇、佳县刘家坪各住一晚。3 月 23 日下午 1 时左右，中共中央在吴堡县川口村园则塔渡口登船，考虑到敌机可能轰炸等因素，最后选择在虽然水流湍急但河面较窄的碛口的高家塔渡口登岸。

1948 年 3 月 23 日，毛泽东东渡黄河

渡口两岸的山上布置了密集的防空火力，佳县、吴堡和山西临县的水手联合承担了渡河任务。按预先安排，毛泽东登上了第一条木船，周恩来、任弼时乘第二条木船，陆定一、胡乔木等上了第三条木船。大约二三十分钟后，渡船绕过了无数顺流而下的冰块，避开了一个又一个漩涡，冲出激流，顺利到达了黄河对岸——山西省临县碛口镇高家塔村的黄河滩头。

在晋西北，毛泽东回首西望，深情地说道："陕北是个好地方。"这一句话，标志着中共中央转战陕北的历史结束了，也标志着中共中央在延安十三年的历程到此结束。1948 年 4 月 21 日，人民解放军收复延安。

人民解放军收复延安

对于延安在中国革命中的重要地位，毛泽东和周恩来等有多次评价。1945 年，毛泽东在党的七大预备会议上的讲话中强调：有人说陕北这地方不好，地瘠民贫。但是我说，没有陕北那就不得下地。我说陕北是两点，一个是落脚点，一个是出发点。七大在陕北开会，这是陕北人的光荣。陕北已成为我们一切工作的试验区，我们的一切工作在这里先行试验，在这里开七大，在这里解决历史问题。

1949 年 9 月 21 日至 30 日，中国人民政治协商会议第一届全体会议在北平召开。22 日，西北局代表陕甘宁和西北地区人民向中国人民政治协商会议发出贺电。10 月 3 日，延安民众万余人在延安南关大操场集会并向毛泽东和中央人民政府发出贺电。10 月 26 日，毛泽东复电延安和陕甘宁边区人民：

> 延安和陕甘宁边区，从 1936 年到 1948 年，曾经是中共中央的所在地，曾经是中国人民解放斗争的总后方。延安和陕甘宁边区的人民对于全国人民是有伟大贡献的。我庆祝延安和陕甘宁边区的人民继续团结一致，迅速恢复战争的创伤，发展经济建设和文化建设。我并且希望，全国一切革命工作人员永远保持过去十余年间在延安和陕甘宁边区的工作人员中所具有的艰苦奋斗的作风。

1950 年 2 月 27 日，毛泽东、周恩来访问苏联回国，在哈尔滨接见省市负责人时，毛泽东说："胡宗南进攻延安以后，在陕北，我和周恩来、任弼时同志在两个窑洞里指挥了全国的解放战争。"周恩来接着说："毛主席在世界上最小的司令部里，指挥了世界上最大的人民解放战争。"

参考资料

1.《毛泽东选集》，人民出版社 1991 年版。

2.《毛泽东文集》第二卷，人民出版社 1993 年版。

3.《毛泽东文集》第三卷、第四卷，人民出版社 1996 年版。

4.《毛泽东年谱》（一八九三——九四九）修订本，中央文献出版社 2013 年版。

5.《毛泽东在七大的报告和讲话集》，中央文献出版社 1995 年版。

6.《朱德年谱（新编本）》（1886—1976），中央文献出版社 2016 年版。

7.《刘少奇选集》上卷，人民出版社 1981 年版。

8.《周恩来选集》上卷，人民出版社 1980 年版。

9.《周恩来年谱》（一八九八——九四九）修订本，中央文献出版社 1998 年版。

10.《任弼时年谱》，中央文献出版社 2014 年版。

11.《任弼时传》，中央文献出版社 2014 年版。

12.《张闻天选集》，人民出版社 1985 年版。

13.《张闻天年谱》（修订本）下卷（1942—1976），中共党史出版社 2000 年版。

14.《王稼祥选集》，人民出版社 1989 年版。

15.《陈云文集》第一卷，中央文献出版社 2005 年版。

16.《陈云文选》第一卷，人民出版社 1995 年版。

17.《陈云年谱》上卷，中央文献出版社 2015 年版。

18.《杨尚昆回忆录》，中央文献出版社 2001 年版。

19.《聂荣臻年谱》上卷，人民出版社 1999 年版。

20.《中共中央文件选集》，中共中央党校出版社第 1 版。

21.《建党以来重要文献选编（1921—1949）》，中央文献出版社 2011 年版。

22.《中国共产党的一百年》，中共党史出版社 2022 年版。

23.《中国共产党的干部教育》，中国人民大学出版社 1988 年版。

24.《陕甘宁边区政府文件选编》，档案出版社第 1 版。

25.《陕甘宁边区教育资料》，教育科学出版社 1981 年版。

26.《抗日战争时期陕甘宁边区财政经济史料摘编》，陕西人民出版社 1981 年版。

27.《陕甘宁边区的精兵简政》（资料选编），求实出版社 1982 年版。

28.《西行漫记》，生活 · 读书 · 新知三联书店 1979 年版。

29.《斯诺文集 · 复始之旅》，新华出版社 1984 年版。

30.《伟大的道路》，东方出版社 2005 年版。

31.《纪念埃德加 · 斯诺》，新华出版社 1984 年版。

32.《胡乔木回忆毛泽东》，人民出版社 1994 年版。

33.《延安文艺回忆录》，中国社会科学出版社 1992 年版。

34.《延安中央研究院回忆录》，中国社会科学出版社、湖南人民出版社 1984 年版。

35.《中国共产党口述史料丛书》第三卷，中共党史出版社 2013 年版。

36.《中国抗日战争史》，解放军出版社 2015 年版。

37.《中国抗日战争史》，人民出版社 2011 年版。

38.《革命熔炉》，中共党史资料出版社 1986 年版。

39.《延安访问记》，广东人民出版社 2001 年版。

40.《抗战初期的八路军驻南京办事处》，南京大学出版社 1987 年版。

41.《在历史巨人身边：师哲回忆录》，九州出版社 2015 年版。
42.《红日出山——毛泽东转战陕北纪实》，中央文献出版社 2004 年版。
43.《汪东兴日记》，当代中国出版社 2010 年版。
44.《转战陕北》，陕西人民出版社 1988 年版。
45.《长征日记》，上海人民出版社 1979 年版。
46.《抗日根据地的财政经济》，中国财政经济出版社 1987 年版。
47.《新华书店诞生在延安》，华岳文艺出版社 1989 年版。
48.《毛主席在佳县》，新华出版社 2007 年版。
49.《新中华报》。
50.《解放日报》。
51.《新华日报》。
52.《中央日报》。